재명아!
기본소득이 뭐야?

재명아! 기본소득이 뭐야?

초판 1쇄 인쇄_ 2020년 9월 5일
초판 1쇄 발행_ 2020년 9월 10일

글쓴이_ 이선배
그린이_ 고은찬

펴낸곳_ 여우고개
펴낸이_ 박관이
책임편집_ 김태윤
책임디자인_ 이민영

ISBN_ 978-89-92855-45-7 73810

등록_ 1999. 04. 16 | 제 2-2799호
서울시 영등포구 선유로49길 23 아이에스비즈타워2차 1005호
편집 02) 333-0812 | 마케팅 02) 333-9918 | 팩스 02) 333-9960
이메일 postmaster@foxbook.co.kr | 홈페이지 www.foxbook.co.kr

저작권자 ⓒ 이선배·고은찬 2020

책값은 뒤표지에 있습니다.
여우고개는 아이들이 잃어버린 상상의 세계, 사회를 깊이 바라보는 창입니다.

어린이제품 안전특별법에 의한 표시사항

제조자명 여우고개 제조국 대한민국 사용연령 10~15세 제조년월 판권에 별도 표기
주소 서울시 영등포구 선유로49길 23 1005호 연락처 02-333-0812
⚠ 주의사항 책 모서리나 종이에 긁히거나 베이지 않게 조심하세요.

추천사

우리 모두의 것을 모두에게~

    이선배 작가의 어린이를 위한 기본소득 이야기 《재명아! 기본소득이 뭐야?》 발간을 진심으로 축하드립니다.

    《재명아! 기본소득이 뭐야?》 원고를 처음 받고 느낀 소감은 "아~, 매우 참신하고 기발하다"는 것이었습니다. 우선 우리 사회의 주요 의제로 떠오른 기본소득을 초등학생의 시선으로 접근하려는 시도가 흥미로웠습니다. '알기 쉬운 정책이 우리가 꿈꾸는 미래를 앞당긴다'고 생각하는 저로서는 이 책의 출간이 참 반가울 수밖에 없습니다.

    이 책은 경기도가 기본소득으로 만드는 새로운 세상의 꿈을 세계인과 나누는 비전을 담고 있습니다. 주인공 이름이 저와 같기도 하지만 세계 어린이 기본소득 대회의 한국 예선이 경기도에서 열린다는 이 책의 내용이 저의 눈길을 끌었습니다.

　주인공 '재명'이는 지원이, 철희와 함께 기본소득 세계 대회 참가를 한 걸음씩 현실로 만들어 갑니다. 이 과정에서 하나씩 탐구하는 내용은 기본소득이 알쏭달쏭한 어린이들에게 더없이 훌륭한 길잡이가 될 것입니다. 책에서도 나오듯 기본소득이 알래스카의 오로라처럼 우리 어린이들을 비롯해 모든 사람들에게 기쁨이 되는 그런 날이 빨리 오기를 진심으로 기대합니다.

　다시 한 번 어린이를 위한 기본소득 이야기《재명아! 기본소득이 뭐야?》발간을 진심으로 축하드립니다. 우리 모두의 것을 모두에게 공평하게 나눠 모든 어린이들이 꿈을 가지고 살아갈 수 있는 행복한 세상을 위해 함께 노력해 나가겠습니다.

2020년 7월 27일
이재명(경기도지사)

추천사

하기는 쉽지만 알기는
어려운 기본소득 꿈꿔 보기

　기본소득은 너무나도 하기 쉬운 정책입니다. 국민들로부터 소득에 비례해서 기여금세금을 걷어서 모든 국민들에게 아무 조건 없이 똑같이 나누어 주면 됩니다. 그러나 기본소득은 알기는 매우 어려운 정책입니다. 왜 모두에게 주어야 할까? 아무 조건 없이 나누어 주면 놀고 먹는 사람은 어떻게 하지? 노동하지 않고서 돈을 받는 것은 올바른 일일까? 이런 질문들에 제대로 답하기는 쉽지 않습니다. 초등학교 5학년 재명이는 알래스카 오로라 구경을 가기 위해서 노력하는 과정에서 이런 질문들에 대하여 답을 찾아내게 됩니다.

　우리 아이들이 살아갈 미래는 지금으로서는 상상할 수 없을 정도로 커다란 변화가 닥칠 듯합니다. 인공지능이 점점 똑똑해져서 사람의 일을 대신하게 되면 우리 아이들은 어떻게 살아가야 할까요? 20%가 전체 부의 80%를 점유한다는 20 대 80의 사회를 넘어서 1 대 99의 사회가 되면 우리 아이들은 행복할 수 있을까요? 재명이는 기본소득이 우리 모두의 권리라는 것을 알게 됩니다.

　인공지능으로 인해서 일자리가 사라진다고 할지라도, 기본소득을 받고 각자 하고 싶은 일을 하면서 행복하게 살 수 있는 길이 있다는 것을 깨닫게 됩니다.
　기본소득은 보수나 진보 양쪽으로부터 환영을 받기도 하고, 양쪽으로부터 비판을 받기도 합니다. 일론 머스크 같은 세계적인 벤처 기업가들도 지지하는 정책입니다. 그렇기 때문에 기본소득은 아이들의 사고력과 창의력을 키우기에 적합한 탐구 주제입니다.
　우리는 미래에 아이들이 살아갈 세상이 과연 어떻게 변할지 잘 모릅니다. 미래 세상의 도전이 너무 커서 아이들이 해답을 찾지 못하고 넘어질까 봐 걱정하고 있습니다. 그렇기 때문에 어릴 때부터 기본소득 같은 새로운 꿈을 꿔 보게 하는 것이 중요합니다. 여러 가지를 꿈꾼 사람일수록 어려운 문제에 대하여 더 잘 해답을 찾아낼 수 있을 것입니다.

강남훈(기본소득 한국 네트워크 이사장)

추천사

어린이들도 알아들을 수 있는
기본소득 해설서

    기본소득을 실현코자 국회에서 일하는 제게 가장 어려운 과제는 법조문을 만들거나 예산 마련 계획을 세우는 일이 아니라, 사람들이 편견을 버리고 새로운 미래를 상상하며 희망을 품게 하는 것입니다. 그래서 이 책이 반갑습니다. 이 책은 어린이 주인공들이 친구들을 설득하는 방식으로 기본소득에 대해 친절히 알려줍니다. 그리고 어린이들이 살아갈 미래에 기본소득이 함께할 거라는 희망을 품게 합니다. 많은 분들이 이 책을 읽고 오로라처럼 영롱한 희망을 느껴보셨으면 합니다. 그 희망을 실현하는 정치를 위해 저도 애쓰겠습니다. 아, 재명이와 친구들이 꼭 세계 어린이 기본소득 대회에서 우승하기 바랍니다!

용혜인(기본소득당 국회의원)

작가의 말

이 책은
제가 쓴 것이 아닙니다

제가 기본소득을 본격적으로 알게 된 것은 몇 년 되지 않았습니다. 그 이전에 '기본소득 한국 네트워크'를 비롯한 많은 분들이 기본소득을 연구하고, 홍보한 노력이 있었기에 이 책을 쓸 수 있었습니다.

그 이전으로 거슬러 올라가 보면 조상들이 훈민정음을 창제하고 사용하지 않았더라면 제가 익힐 수도 없었고, 이렇게 쓸 수도 없었을 것입니다. 결국 저 혼자만의 노력으로는 이 책이 나올 수 없었다는 이야기를 하고 싶은 것입니다.

실제로 이 책에 실린 내용 중 해남의 농민 기본소득, 태안 만수동 어촌 마을의 마을연금, 경북 봉화 농부 김태수 님의 기본소득 캠페인, 경기도 기본소득 박람회 모두 실제의 일입니다. 많은 분들이 삶의 현장에서 애쓴 노력이 없었더라면 이 책을 채울 수 없었을 것입니다.

이 책이 나오기까지 모퉁이도서관 강영미 관장님, 대전동화읽는어른 강빈화 회장님, 신은주 회원님, 《기본소득 쫌 아는 10대》의 오

준호 작가님, 독서교육연구회 정성우, 조장연, 김희경 선생님, 큰딸 이한들 등 많은 분들이 원고를 함께 읽고 조언을 해주셨습니다. 모두 고맙습니다.

물론 출판사의 노력도 빼놓을 수 없었고, 이 책을 쓰는데 전념할 수 있도록 도와준 가족들의 배려도 이 책이 세상에 나올 수 있는 큰 힘이 되었습니다.

그런데 이 책만 그러하겠습니까? 이 책을 읽는 어린이 여러분 한 사람의 삶도 여러분 각자가 열심히 잘 살아가는 것도 있지만 부모님을 비롯한 많은 이들의 도움 속에서 영글어 가고 있는 것이 아닐까요?

결국 우리의 삶이라는 것은 모두의 노력과 각자의 노력이 합쳐져서 이뤄지고 있다는 이야기를 하고 싶습니다.

이 책에서 이야기하고 있는 '기본소득'의 가장 중요한 정신은 '각자의 몫은 각자에게, 모두의 몫은 모두에게'입니다. 개개인이 열심히 노력한 결과는 당연히 각 개인이 누려야 합니다. 다만 우리가 성

 취한 것이 나 혼자의 노력이 아니라면, 모두의 도움을 받은 것이 있다면 당연히 모두를 위해 그 몫을 돌려줘야 한다는 것입니다.
 기본소득은 단지 가난한 사람을 돕자는 따뜻한 마음에 기대는 것이 아니라 원래 우리 모두의 것에 대해 그 권리를 되찾자는 '권리 선언'입니다.
 그리고 그 권리를 바탕으로 '돈 버는 일'에 얽매이지 않고 '행복한 일'을 추구하자는 '행복 선언'입니다.
 모두가 기본소득을 누리기 위해 우리부터 모두의 몫은 모두에게 돌려주고, 각자의 몫은 각자가 챙기는 일을 시작했으면 좋겠습니다.

 저도 이 책을 통해서 얻는 수익 중 제 몫은 제가 챙기고, 모두의 몫은 모두에게 내놓도록 하겠습니다.

2020년 7월
이선배

차례

추천사 _이재명(경기도 지사) • 4

추천사 _강남훈(기본소득 한국 네트워크 이사장) • 6

추천사 _용혜인(기본소득당 국회의원) • 8

작가의 말 • 9

1. 알래스카 오로라를 보고 싶어요! •16
2. 기본소득, 대체 뭐냐? •27
3. 일타강사 철희의 기본소득 강의 •40
4. 로봇과 인공지능 시대에도 공부를 잘해야 하나요? •51
5. 일을 안 해도 돈을 받는 할머니의 마을 •60
6. 해남 땅끝마을에서 시작된 변화의 바람 •69
7. 유튜버 안지원의 기본소득 인터뷰 •81
8. 기본소득과 기본정치 •91
9. 도전! '세계 어린이 기본소득 대회' •95

10. 철희 할아버지가 기본소득을 반대하는 이유 •100

11. 알래스카 오로라와 기본소득 •109

12. 무대에 오른 휴먼 북 •118

13. 주사위는 이미 던져졌다 •125

부록

코로나19와 재난 기본소득 • 132

기본소득의 5대 원칙은 기본! • 136

기본소득은 알래스카주가 일등! • 137

기본소득을 실시하려면 돈이 얼마나 필요할까? • 139

기본소득에 드는 돈은 어떻게 마련할까? • 141

모두의 것은 모두에게, 각자의 것은 각자에게 • 145

4차 산업혁명과 기본소득 • 147

기본소득 실현을 위해 애쓰는 사람들 • 149

알래스카 오로라를 보고 싶어요!

"엄마, 이것 좀 봐. '죽기 전에 꼭 한 번 봐야 할 황홀한 광경의 오로라', 정말 멋지지?"

재명이는 며칠 전부터 오로라 타령이다. 엄마는 세탁기에서 빨래를 꺼내 탈탈 털기만 할 뿐 재명이 말에 대꾸도 하지 않았다.

"엄마, 엄마! 페어뱅크스에 가면 얼음 침대가 있는 아이스 호텔에서 잘 수도 있고, 얼음 조각 공원도 구경할 수 있대. 우리 가자. 제발!"

재명이는 엄마 옆에서 계속 알래스카 여행을 가자고 칭얼댔다. 재명이의 간곡한 부탁을 엄마는 귓등으로 흘려들을 뿐이다.

"아이고, 시끄러워. 너 할 일 없으면 네 팬티나 탈탈 털어서 건조대에 널어. 빨리!"

그러면서 팬티 여러 장을 재명이 앞에 휙 던졌다.

"엄마, 내가 빨래 너는 것 도와주면, 오로라 보러 갈 거야? 응?"

오로라 전망대
(AURORA BOREALIS LODGE)

오로라 관찰 체험(체험시간 :22:00~02:00)

죽기 전에 꼭 한 번 봐야 할 황홀한 광경의 오로라! 알래스카에서 노던 라이트(여명을 닮은 북녘의 빛)라 불리는 오로라는 전세계적으로 알래스카, 캐나다, 노르웨이, 스웨덴에서 관찰됩니다.

그 아름다운 체험을 알래스카 페어빙크스에서 할 수 있습니다.

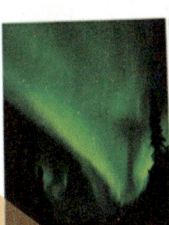  

"도와주면? 야, 네 팬티 네가 너는데 도와주긴 뭘 도와줘? 엄마가 네 하녀야? 앞으로 네 팬티는 네가 빨아 입어!"

불똥이 갑자기 재명이 팬티로 튀었다. 엄마의 날벼락에 재명이는 입이 삐죽 나왔다.

"아, 나 오로라 정말 보러 가고 싶단 말이야. 내 꿈이 천문우주과학자인 거 몰라? '하늘의 신비를 밝히는 과학자. 이재명' 얼마나 멋져? 엄마가 아들의 꿈을 키워줘야지!"

"천문우주과학자? 하늘만 쳐다보고 있으면 누가 밥을 줘? 떡을 줘? 그런 것은 취미로나 하라고 했지? 그리고 알래스카 오로라 여행은 누가 공짜로 보내준대? 그게 다 돈이야, 돈!"

엄마의 따발총 같은 잔소리가 이어졌다.

"너, 요즘 엄마 회사 어려운 것 몰라? 구조조정이다 뭐다 해서 시끄러운데, 아들은 한가롭게 별 타령이나 하고. 밖에서 고생하는 엄마, 아빠 생각 좀 하셔!"

엄마는 오늘도 오로라를 단칼에 싹둑 잘라 버렸다.

"너, 학원 숙제는 다했어? 얼른 빨래 널고 가서 숙제나 해!"

별 무늬 팬티를 건조대에 널던 재명이는 풀이 잔뜩 죽었다.

털레털레 방에 들어온 재명이는 학원 숙제를 하려고 책을 펼쳤다. 하지만 머릿속에는 온통 알래스카 오로라 생각뿐이었다.

그나저나 재명이도 엄마 회사가 걱정이었다. 엄마는 한국도로공사 톨게이트 요금수납원이다. 고속도로에서 운전자들을 대상으로 통행료를 계산하는 일을 한다. 몇 년 전부터 하이패스가 들어오면서 일자리가 확 줄었고, 그 바람에 회사 동료들이 하나둘 직장을 떠나고 있었다.

게다가 최근에는 한국도로공사에서 스마트톨링^{자동 요금수납} 시스템을 도입하면서 요금수납 업무를 아예 없앨 거라는 소문도 떠돈다. 엄마는 다른 동료들처럼 해고되는 것 아닌가 하는 불안 때문에 요즘 얼굴 표정이 어둡다.

며칠 전에는 노조에서 항의 집회를 한다고 집에 못 들어온 적도 있었다. 그런 엄마에게 한가하게 알래스카 오로라 타령이나 하다니, 스스로 생각해도 한심하긴 했다.

그렇다고 알래스카 오로라 여행을 쉽게 포기할 수도 없었다. 재명이는 어려서부터 별 보기를 아주 좋아했다. 특히 할머니가 사시는 태안 바닷가에서 바라보는 밤하늘의 별자리는 재명이를 신비의 세계로 이끌었다.

재명이는 책이 눈에 들어오지 않았다. 결국 숙제를 미루고 컴퓨터를 켰다. 구글에 접속해서 '알래스카 오로라'를 검색했다. 형형색색의 오로라 사진을 보니 기분이 좋아졌다.

페이스북, 인스타그램 친구 중에는 벌써 오로라 여행을 다녀온 사람이 여럿 있었다. 친구들의 여행 후기를 읽을 때마다 재명이는 부러웠다. 언제가 될지는 모르겠지만 자기도 오로라 여행을 다녀와서 꼭 SNS 친구들에게 자랑하고 싶었다.

오로라 사진을 보고 있는 재명이의 눈을 확 잡아당기는 글이 올라왔다.

"알래스카 오로라 무료 여행에 여러분을 초대합니다. 전기 자동차 회사 〈테슬라 모터스〉의 CEO 일론 머스크를 직접 만날 수 있는 절호의 찬스. 전 세계 어린이와 함께하고 싶습니다. 궁금하면 클릭~"

더보기

재명이는 얼른 더보기 를 클릭했다.

"알래스카 기본소득 지급 40주년 기념 세계 어린이 기본소득 대회에 여러분을 초대합니다. 지금 도전하세요!" 더보기

재명이는 심장이 쿵쾅거렸다. '무료'라는 두 글자와 '오로라'라는 단어가 머릿속을 뱅뱅 돌았다.

"야호! 엄마, 엄마! 알래스카가 공짜래, 공짜. 엄마! 나 오로라 보러 갈 거야."

재명이는 의자를 박차고 일어나 부엌으로 달려갔다. 저녁 밥상에 올릴 갈치를 손질하고 있던 엄마가 뚱한 눈길을 던졌다.

"애가 뜬금없이 뭔 소리야? 공짜는 뭔 공짜?"

사실 엄마도 마음이 좋지 않았다. 재명이는 어려서부터 유난히 별을 좋아했다. 그런데 엄마는 휴가를 길게 낼 수도 없거니와 무엇보다 몇백만 원이나 드는 알래스카 여행은 집안 형편상 엄두가 나지 않았다.

아빠와 맞벌이로 열심히 일해 벌어도 아파트 융자금 갚고, 재명이 학원비 내면, 생활비 쓰기도 빠듯했다. 그런데 해외여행이라니, 그건 팔자 좋은 남의 일처럼 느껴졌다. 그래도 허구한 날 오로라를 입에 달고 사는 재명이를 보며 무슨 수를 내야겠다는 생각도 해봤다. 하지만 요즘 다니는 회사도 불안한 터라 뾰족한 수가 없었다. 마음이 심란해서인지 일이 통 손에 잡히지 않았다.

재명이는 이런 엄마 마음을 아랑곳하지 않고 방금 본 페이스북 광고 이야기를 정신없이 쏟아냈다.

"엄마, 돈 안 든대. 공짜라고! 마크 주커버그랑 일론 머스크가 우릴 알래스카로 초대한대."

"얘가 하라는 숙제는 안 하고 뭔 헛소리야. 누구? 주커버거? 마스크? 그게 다 뭐야?"

"아이고, 답답해. 페이스북 CEO 마크 주, 커, 버, 그. 그 사람이 무슨 햄버거야? 주커버거라고 하게."

재명이가 가슴을 치며 말을 이었다.

"그리고 마스크가 뭐야, 마스크가. 일론 머, 스, 크! 테슬라 전기자동차 엄마도 들어봤지? 민간 우주선을 우주에 막 쏘아 보내는 그 괴짜 CEO 말이야. 지난번에 뉴스 보면서 엄마가 그 사람 천재라고 칭찬했잖아."

엄마는 재명이의 말에 좀 머쓱했다. 그래도 기죽지 않고 재명이의 말을 바로 되받아쳤다.

"아니, 그 미국 부자들이 널 왜 초대해? 이재명을 어떻게 알고?

자다가 봉창 두드리는 소리 그만하고, 손 씻고 와서 밥 먹을 준비나해. 어서!"

엄마의 지적에 재명이는 갑자기 멍해졌다. 하긴, 알지도 못하는 자기를 그 세계적으로 유명한 CEO들이 초대할 이유가 없었다. 재명이는 황급히 방으로 돌아가 다시 찬찬히 광고 글을 읽었다.

일찍 퇴근하고 돌아온 아빠와 식탁에 모여 앉아 함께 저녁을 먹었다. 온 가족이 이렇게 함께 밥을 먹는 것도 오랜만이었다. 3교대 근무를 하는 엄마는 근무시간이 들쭉날쭉했다. 그래서 엄마가 차려주는 저녁밥을 먹는 경우는 별로 없었다.

그나마 아빠가 요즘 주 52시간 근무제로 일해서 일찍 퇴근하는 날이 많았다. 덕분에 재명이와 함께 밥 먹을 시간이 생겼다. 그전에는 일주일에 최고 68시간이나 일했다. 그래서 야근도 많았고, 주말에도 종종 일하러 나가곤 했다. 하지만 이제 16시간이 줄어들어 아빠 얼굴 볼 수 있는 날이 많아졌다. 다만 그만큼 야근 수당도 줄어들어 월급 총액이 줄었고, 엄마의 돈 걱정은 늘었다. 언젠가 엄마가 빠듯한 살림을 걱정하는 소리를 재명이도 들었다.

"아빠, 아빠, 일론 머스크 알지? 일론 머스크가 기본소득 대회를 연다는데, 그게 뭐야?"

"기본소득? 글쎄, 그게 뭘까? 지난번 코로나19 전염병으로 온 세계가 난리 났을 때 '재난 기본소득'으로 경기도에서 10만 원씩인가 줬는데, 그거랑 같은 건가?"

아빠의 말에 재명이도 '재난 기본소득'으로 엄마, 아빠와 똑같이

10만 원을 받아 그 돈으로 외식도 하고, 서점에서 책도 사고 했던 것이 생각났다.

"아, 맞다. '청년 기본소득'이란 것도 있는데, 그게 그건가? 일론 머스크가 왜 기본소득 대회를 열지? 그 사람 하도 괴짜라서……. 아빠도 잘 모르겠네. 아빠, 저녁 먹고 일하러 가니까 그 얘기는 다음에 할까?"

"아빠 퇴근한 것 아니야? 또 일하러 가?"

그러자 듣고 있던 엄마가 끼어들었다.

"재명아, 아빠 귀찮게 하지 마. 식사 좀 차분하게 하시게."

엄마는 걱정스러운 표정으로 아빠에게 물었다.

"여보, 괜찮겠어? 무리하는 것 아니야? 잘 알아본 것 맞지?"

"응, 잘 알아봤어. 걱정 마. 운전이야 뭐, 매일 하는 건데. 그리고 요즘 내비게이션이 잘되어 있어서 길 찾는 것도 어렵지 않아. 몇 군데 대리운전 회사에 등록을 해 놓았으니, 콜만 잘 잡으면 돼."

아빠는 엄마 걱정을 시키지 않으려고 일부러 더 자신 있게 말했다.

재명이는 난데없는 대리운전 이야기에 아빠에게 하고 싶었던 알래스카 오로라 이야기를 가슴에 꾹 눌러놓아야 했다.

"재명아, 일론 머스크 이야기는 나중에 하자. 아빠 오늘부터 투잡맨이거든. 재명이는 공부 열심히 해서 고소득 전문직이 돼라. 그래야 아빠처럼 투잡한다고 유난 떨며 살 필요가 없지. 알았지? 기본소득인가 뭔가는 아빠가 알아보고 나중에 알려 줄게."

아빠는 서둘러 식사를 마치고 집을 나섰다. 엄마는 걱정스러운 눈길로 집을 나서는 아빠의 등을 한참이나 쳐다봤다. 재명이도 밥을 먹는 둥 마는 둥하고 방으로 들어갔다.

재명이는 아까 미뤄 두었던 학원 숙제를 하려고 책을 펼쳤지만, '오로라', '무료', '기본소득'만 자꾸 머릿속을 맴돌았다.

아까 본 광고문에는 각 나라를 대표하는 어린이들이 알래스카에 모여 '세계 어린이 기본소득 대회'를 개최한다고 했다. 그 비용은 모두 일론 머스크와 마크 주커버그가 후원한다고 했다.

그 대회에 참가하려면 우선 한국 대표로 뽑혀야 했다. 한국 대표 선발은 경기도에서 열리는 '대한민국 기본소득 박람회'에서 한다고 나와 있었다. 거기서 한국 대표로만 뽑힐 수 있다면 알래스카 오로라 여행을 공짜로 할 수 있는 거다.

집에서 백날 졸라 봐야 요즘 집안 형편상 엄마, 아빠가 재명이와 알래스카 여행을 떠날 가능성은 1%도 없다. 그렇다면 한국 대표가 되는 길밖에 없다.

'그나저나 기본소득이 뭐지?'

재명이는 별자리 이야기라면 자신 있는데, 그 낯선 기본소득이 맘에 걸렸다. 하지만 알래스카 오로라를 볼 수 있다면 뭐든지 할 수 있다는, 아니 뭐든지 해야 한다는 결심을 다졌다. 엄마, 아빠도 재명이가 대한민국 대표로 뽑혀서 간다고 하면 아마 반대하지는 않을 거다.

재명이는 우선 기본소득이 무엇인지부터 차근차근 알아보기로 마음먹었다.

기본소득, 대체 넌 뭐냐?

학교를 향하는 재명이의 발걸음이 가볍다. 5학년이 되어 학교 가는 일이 부쩍 즐거웠다. 좀 특별한 5학년 담임선생님 덕분이다. 재명이는 유치원 때부터, 4학년 때까지 한 번도 남자 선생님을 만난 적이 없었다. 심지어는 학원 선생님들도 다 여자 선생님뿐이었다. 그런데 5학년 때 처음 남자 담임선생님을 만났다. 그것도 '털보 쌤'이라는 별명의 털보 선생님을.

처음에는 살짝 무서웠다. 삐죽빼죽 솟은 털을 보고 《삼국지》의 장비가 환생한 줄 알았다. 목소리는 또 얼마나 크고 굵은지, 소리를 빽 지르면 학교 전체가 떠나갈 것 같았다.

그런데 걱정과 달리 털보 쌤은 화를 거의 내시지 않았다. 소리 지르는 일도 여간해서는 없었다. 늘 아이들 이야기를 끝까지 들어주셨다. 재명이는 그 점이 특히 마음에 들었다.

게다가 수업도 일방적인 강의 형식이 아니었다. 학생들이 직접 참여해서 함께 만들어 가는 수업이었다. 물론 남들 앞에 나서서 발표하는 것이 두려운 재명이는 좀 힘들었다. 그래도 따분하게 앉아서 듣고만 있는 수업보다는 백배 나았다.

요즘 사회 시간에 조선 시대를 한창 배우고 있다. 오늘 사회 시간에는 똑소리 나는 지원이네 모둠이 발표를 한다. 재명이는 아직 고백은 못 했지만 지원이가 참 좋았다.

털보 쌤이 털처럼 굵은 목소리로 말했다.

"오늘은 광해군이 실시한 '대동법'에 대해서 알아볼 거예요. 자, 대동법은 어떤 모둠이 조사했지요?"

지원이가 속한 '방탄소년단' 모둠이 나왔다. 발표자는 지원이었다. 지원이는 준비한 프레젠테이션 자료를 보여주며 카랑카랑한 목소리로 자료를 읽어 내려갔다.

"대동법은 세금 제도입니다. 그전에는 '공납'이라는 제도 아래 각 지역의 특산물을 바쳤습니다. 예를 들면 강화도는 화문석, 나주는 배, 강진은 도자기를 바친 것입니다. 그런데 공납은 형편을 따지지 않고, 집집마다 모두 내야 했기 때문에 특히 가난한 서민들 부담이 컸습니다."

'역시 지원이야!'

재명이는 좋아하는 지원이의 발표인지라 한마디 한마디가 귀에 쏙쏙 들어왔다. 지원이 옆에 서서 자신도 멋지게 발표하는 모습을 상상해 봤지만, 그 모습이 잘 그려지지는 않았다. 재명이는 얼른 딴 생각을 지우고 지원이 발표에 귀 기울였다.

"그런데 대동법은, 구하기도 어렵고 보관이나 운반도 힘들었던 특산물 대신 쌀 또는 돈 등으로 편하게 낼 수 있도록 한 제도입니다. 무엇보다도 소유한 토지에 따라 세금을 달리 매겼습니다. 그 덕분에 땅이 없는 가난한 서민들은 세금 부담이 확 줄어들었습니다. 반대로 땅이 많은 양반들은 세금이 대폭 늘어났습니다. 그래서 대동법에 대해 백성들은 크게 환영했지만, 양반들은 심하게 반발했습니다."

지원이가 발표를 마치자 털보 쌤이 칭찬했다.

"'방탄소년단'. 멋진 이름처럼 조사와 발표를 참 잘했어요."

털보 쌤은 발표에 덧붙여 대동법에 대해 더 자세히 설명했다.

"옛날이나 오늘날이나 누가, 얼마나 세금을 낼 것인가를 둘러싸고 논쟁이 뜨겁답니다. 우리가 살고 있는 경기도의 이재명 지사는 국토보유세를 거둬서 기본소득을 지급해야 한다고 주장하고 있습니다. 조선 시대 때 대동법이 땅을 많이 가진 양반들에게 세금을 더 많이 내도록 했던 것처럼, 이재명 지사도 땅 부자들에게 세금을 더 많이 거둬서 그것을 국민 모두에게 기본소득으로 골고루 나눠 줘야 한다고 주장하고 있습니다."

털보 쌤은 과거의 일을 현재의 일과 연결시켜 설명했다. 평소 털보 쌤은 과거와 현재를 연결해서 생각하는 것이 역사 공부에서 중요한 일임을 강조했었다.

털보 쌤은 수업 시간에 종종 아이들의 의견을

물었다. 아이들이 생각하는 습관을 갖게 하려는 털보 쌤의 수업 방식이었다. 어김없이 이번에도 선생님은 질문을 던졌다.

"여러분은 조선 시대의 대동법이나 현재의 국토보유세처럼 재산에 따라 세금을 매겨야 한다고 생각하나요? 아니면 재산에 관계없이 사람에 따라 고르게 세금을 매겨야 한다고 생각하나요? 더 쉽게 얘기해 볼게요. 우리 반에서 회비를 걷을 때 똑같이 1,000원씩 내야 한다고 생각하나요? 아니면 집안 형편이 넉넉한 친구는 3,000원, 어려운 친구는 500원, 이렇게 형편에 따라 다르게 내는 것이 더 낫다고 생각하나요?"

선생님은 이처럼 역사 설명도 우리 생활과 연결시켜서 했다. 덕분에 재명이는 역사가 친근하게 느껴졌고, 이해도 훨씬 쉬웠다.

하지만 오늘만큼은 귀가 번쩍 뜨인 설명이 따로 있었다. 자신과 이름이 같은 이재명 지사가 나왔다는 점, 그 이재명 지사가 기본소득을 주장했다는 점이었다. 알래스카 오로라 무료 여행을 가려면 기본소득을 알아야 하는데, 이렇게 튀어나올 줄은 정말 몰랐다.

재명이는 얼른 손을 번쩍 들었다.

"선생님, 그런데 기본소득이 뭐예요? 기본소득에 대해 더 자세히 알고 싶은데, 그것부터 설명해 주시면 안 될까요?"

"참 좋은 질문입니다. 그런데, 어쩌지요? 선생님도 기본소득이 뭔지 아직은 잘 몰라요. 사실 기본소득은 아직 널리 알려지지 않았어요. 2020년 미국 민주당 대선후보로 나선 앤드류 양이 미국 국민 모두에게 매월 1,000달러씩 기본소득을 지급하겠다고 해서 화제가 된 적이 있었어요."

"선생님, 1,000달러면 우리 돈으로 얼마 정도 돼요? 그래서 그 사람 대통령이 됐나요?"

"1,000달러면 우리 돈으로 약 120만 원이에요. 그리고 앤드류 양 후보는 주목을 받기는 했지만 겨우 5% 정도의 지지를 받아 대통령 후보로 뽑히지 못했어요. 중도 사퇴했답니다."

선생님은 잠깐 쉬었다가 설명을 이어갔다.

"아, 여러분들! 코로나19 기억하나요?"

아이들은 '코로나19'라는 말에 진저리 쳤다.

"정말 답답해서 미치는 줄 알았어요."

"집에만 갇혀 있느라 힘들었어요."

"학교에 빨리 오고 싶었던 적은 처음이었어요."
여기저기서 아이들의 볼멘소리가 터져 나왔다.
"맞아요. 여러분뿐만 아니라 국민들 아니 세계 시민들 모두가 고통받고 힘들었지요. 그때 '재난 기본소득'이라고 한창 논의가 뜨거웠는데, 혹시 기억하는 사람 있나요?"
정확히 아는 아이가 없었는지 아무도 손을 들지 않았다.
"코로나19로 인해 경제 활동을 못 하게 된 사람들을 위해 정부에서 그 대응 방안으로 재난 기본소득을 일시적으로 지급하기도 했답니다."
재명이는 아빠가 말씀하셨던 재난 기본소득 이야기가 떠올랐다.
"선생님이 현재 기본소득에 대해 알고 있는 것은 이 정도가 다입니다. 여러분이 궁금하면, 선생님이 더 공부를 해서 나중에 알려 주겠습니다."
선생님은 모르는 것을 부끄러워하지 않았다. 알려고 하지 않는 것이 부끄러운 것이지, 지금 잘 모르는 것은 창피한 일이 아니라고 늘 말했었다.
선생님은 학생들의 질문에 바로 대답하기보다는 정확히 조사해서 자세히 알려 주었다. 아이들이 질문했다는 사실조차 까맣게 잊었는데도 선생님은 시간이 지나도 꼭 대답을 해 주었다.
선생님은 갑자기 좋은 생각이 떠올랐는지 얼굴 표정이 환해졌다.
"아, 선생님이 설명해 주는 것보다 재명이가 직접 조사해서 친구들에게 알려 주는 것은 어떨까요? 재명이와 친구들 몇 명이 모둠을 짜서 함께 기본소득에 대해 조사하고 발표하면 좋겠는데, 누구 재명이와 함께할 친구 있나요?"

재명이는 갑작스러운 선생님의 제안에 당혹스러웠다. 선생님은 이런 식으로 아이들 스스로 탐구하는 활동이 진짜 공부라고 믿고 계셨다. 그래서 아이들에게 자꾸 기회를 주었다. 물론 아이들에게는 부담이었지만 말이다.

모두들 주저주저하고 있을 때였다. 그때 지원이가 손을 번쩍 들었다.

"선생님, 제가 재명이와 기본소득에 대해 함께 조사해 보겠습니다."

그러자 아이들이 "오~오~ 뚜루 뚜 뚜 뚜루 뚜 뚜" 하며 로맨틱한 분위기로 몰아갔다. 재명이 얼굴이 새빨개졌다.

그때 깐족이 철희가 끼어들었다.

"선생님, '기분소득'이란 사자성어도 있지 않나요? '소득이 있어야 기분이 좋다', 이런 뜻이죠?"

그러자 또 아이들이 "우~우~ 썰렁해" 하며 야유를 쏟아냈다.

선생님이 하하 웃다가 분위기를 정리했다.

"자, 그러면 기본소득을 기분소득으로 알아들은 철희하고, 지원이, 그리고 재명이가 함께 조사해 보면 어떨까요? 원하지 않으면 안 해도 되니까, 결정해서 알려 줘요."

재명이는 짓궂은 철희랑 같이해야 한다는 게 마음에 걸렸다. 하지만 자기가 좋아하는 지원이랑 함께할 수 있게 되어 살짝 떨렸다.

지원이는 아무렇지도 않은 표정이었다.

수업을 마치고 셋이 모였다. 똑똑한 지원이가 앞장섰다.

"내가 단톡방 만들어서 초대할 테니까 들어와. 우선 기본소득에 대해 각자 조사해서 올려 주면, 내가 자료 만들어 볼게."

모두들 바로 학원에 가야 해서 길게 얘기할 수도 없었다.

오늘은 아빠가 저녁밥을 차렸다. 재명이가 좋아하는 햄이다. 엄마가 차리는 식탁에서는 상상도 못 할 일이다. 엄마가 봤다면 분명 또 한 소리 했을 것이다.

"아빠, 어제 대리운전은 어땠어?"

"어, 어, 괜찮았어. 사실 처음이라 뭘 어떻게 해야 할지 잘 모르겠더라고. 콜을 잘 잡아야 하는데, 잡을까 말까 고민하다 보면 다른 사람이 먼저 휙 채 가고. 그 바람에 몇 건 못 했어."

아빠는 어제 힘이 들었는지 가벼운 한숨을 내쉬었다.

"첫술에 배부를 수는 없지. 이것도 경험이 중요한가 봐. 덕분에 대기 시간이 많아서 우리 재명이가 말한 기본소득에 대해 찾아봤지. 하하하!"

역시 절대 긍정 우리 아빠다.

"아, 아빠! 그런데 이재명 지사가 기본소득 지급했다는데, 아빠도 알고 있었어?"

"그전에는 관심이 없어서 잘 몰랐지. 지금 생각해보니, 다른 시도는 코로나19로 어려운 사람들만 골라서 지원했는데, 이재명 지사가 경기도민 전체에게 10만 원씩 준 것은 평소 기본소득을 주장해서 그런 거였어."

아빠는 어제 대리운전 콜을 기다리면서 틈틈이 알아본 기본소득에 대해 재명이에게 설명했다.

"기본소득은 말이야. 한마디로 사회 구성원 모두에게, 그러니까 갓난아기부터 노인까지, 무조건, 정기적으로, 현금을 지급해서 사람들이 최소한의 삶을 유지할 수 있도록 돕는 복지 제도라고 생각하면 돼."

"와, 정말? 그럼 나도 받을 수 있는 거야? 신난다! 그런데 아빠, 왜 나라가 국민들에게 돈을 줘? 돈은 일해서 벌어야 하는 것 아니야?"

"그러게. 왜 나라가 국민들에게 돈을 주지? 아빠도 그게 아직 이해가 잘 안 가."

"국민들 모두에게 돈을 주려면 그 많은 돈을 다 어디서 마련해? 지금 우리나라 국민이 5천만 명이니까 한 달에 10만 원씩만 준다고 해도, 이게 얼마야? 5천만, 5억, 50억, 500억, 5,000억, 아우 헷갈려!"

재명이는 다시 손가락을 꼽으며 계산했다.

"10만 원이면 10, 100, 1,000, 10,000, 100,000. 아, 동그라미가 다섯 개. 그러면 5억, 50억, 500억, 5,000억, 5조. 와! 5조. 도대체 5조면 얼마큼 큰돈이야?"

"그러게 말이다. 5천만 국민 모두에게 월 10만 원씩만 주려고 해도 5조가 필요하면 일 년이 열두 달이니까 $5 \times 12 = 60$. 그래 60조가 필요하네. 그 많은 돈이 진짜 어디서 나지?"

"아빠도 돈이 어디서 나는지 잘 모르는 거지?"

"아, 거기까지는 아빠가 아직 못 알아봤어. 재명아, 얼른 밥 먹자. 아빠 요거 치우고 대리운전 가야 해."

잠시 후 재명이는 아빠를 배웅하고, 컴퓨터를 켰다. 지원이가 이미 단톡방을 만들어 초대를 한 상태였다. 지원이는 벌써 자료를 여러 개 찾아 링크 주소를 올려놓았다. 그걸 타고 들어가 자료를 읽었지만 당최 어려워서 무슨 말인지 알기 어려웠다.

재명이는 유튜브에서 '기본소득'이라고 검색을 했다. 그리고 조회 수 기준 정렬을 선택했다. 경험상 이런 자료를 찾을 때는 인기 있는 자료가 제일 쉬운 자료일 가능성이 크기 때문이다.

이재명 "1인당 10만 원씩 재난기본소득 지급"
키네틱샌드로 기본소득을 알아보자 | 그거 앎?
대한민국 최초 원 이슈 정당, 기본소득당을 소개합니다

이렇게 검색이 되었다. 재명이는 자신과 같은 이름이 나와 반가웠다.

"기본소득당, 이런 당도 있었나?"

하지만 재명이의 눈길을 끈 단어는 '키네틱샌드'였다. 어릴 때 키네틱샌드로 재미있게 놀았던 기억이 있기 때문이다. 재명이는 키네틱샌드로 기본소득을 알려준다는 영상을 클릭했다. 그러자 키네틱샌드를 주물럭거려 갖가지 모형을 만드는 영상이 나타났다. 영상과 함께 남자 성우의 활기찬 목소리가 기본소득을 설명해 주었다.

영상에는 재명이가 모르고 있던 사실이 너무 많았다. 불평등이 점점 심해지고 있다고 했다. 1965년 소득 상위 10%가 전체 국민 소득의 1/5을 벌었는데, 2015년에는 1/2 즉 절반을 가져간단다. 그러면서 보통 사람들의 삶은 오히려 어려워졌단다. 이런 상황에서 일자리마저 점점 로봇과 자동화된 기계로 대체되어 사라져 가고 있다고 했다.

영상에서는 이런 주장을 펼쳤다. 지금까지의 복지 제도는 일자리를 잃은 사람에게 실업수당을 주는 방식에 머물렀다고 했다. 그러나 앞으로는 일자리 자체가 없어지니 실업수당만으로는 더 이상 해결이 안 된다고 했다.

재명이는 엄마 얼굴이 아른거렸다. 만약 엄마가 지금 다니는 회사에서 쫓겨나면 다른 일자리를 구할 수 있을까? 엄마가 가끔 내뱉던 한탄이 귓가를 울렸다.

"성질 같아서는 확 때려치우고 싶지. 그런데 이만한 일자리를 어디서 구할 수 있겠어? 마트 비정규직 자리도 요즘은 구하기 힘들다는데. 아니꼽고 치사해도 꾹 참고 다녀야지. 별 수 있겠니?"

재명이는 갑자기 자신의 미래가 어찌 될지 겁이 덜컥 났다. 좋은 일자리가 점점 사라지면 엄마에게도 문제지만 자신에게도 문제였다. 당장은 알래스카 오로라 여행에도 지장이 있을 테고, 장차 어른이 되어서 직업을 구하기 힘들 수도 있었다.

'기본소득은 최소한의 먹고사는 문제를 보장해 주자는 제도라고 했지? 그럼 미래를 너무 걱정하지 않아도 될까?'

어쨌든 재명이는 기본소득으로 인해 모든 국민이 먹고사는 문제를 해결할 수만 있다면 참 좋겠다는 생각이 들었다. 그러나 여전히 의문이 남았다.

'그런데 누가 그 돈을 공짜로 주겠어?'

유튜브 영상에서는 "사회가 공유한 부를 모두에게 나눠 주자"라고 주장했지만, 재명이는 말뜻을 분명히 이해할 수 없었다. 또한 "땅이나 석유, 데이터 같은 것은 모두가 소유한 거"라고도 했는데, 그것 역시 알쏭달쏭했다.

'땅은 땅 주인이 있고, 석유도 석유 회사 것 아닌가?'

재명이는 이런 의문이 생겼지만 컴퓨터에게 물어볼 수도 없는 노릇이어서 답답했다.

게다가 페이스북이나 네이버에서 우리가 데이터를 생산한다는 말도 낯설었다. 그동안 공짜로 검색도 하고, SNS도 할 수 있어서 좋다고 생각했다. 그런데 오히려 우리 덕분에 그 회사가 돈을 많이 번다고 하니 우리에게도 권리가 있다는 생각이 신선했다.

재명이는 유튜브 키네틱샌드가 재미있어서 몇 번을 보았지만 명쾌하게 의문이 풀리지는 않았다. 대신 키네틱샌드가 재미있어서 그걸 사고 싶다는 생각이 들었다. 재명이는 엄마한테 크리스마스 선물로 그걸 사달라고 할까 하다가 그만두었다.

'네가 꼬맹이야? 아직도 모래 장난이나 하게? 그리고 그것 다 색소 모래일 텐데, 건강에 좋겠어?'

엄마의 꾸지람이 환청으로 들려왔기 때문이다. 재명이는 얼른 도리도리를 치며 생각을 떨쳐냈다.

재명이는 찾은 자료를 단톡방에 공유했다. 지원이가 '엄지 척'을 날려 주었다. 기분이 좋았다. 철희도 신기해 했다. 철희도 키네틱샌드를 갖고 싶다고 했다. 철희 자식은 분명히 키네틱샌드를 살 거다. 돈 걱정 않고 사고 싶은 것 마음껏 사는 부잣집 철희가 부러웠다.

일타강사 철희의 기본소득 강의

며칠 후 사회 시간이 돌아왔다. 앞장서서 교단으로 나간 지원이는 준비한 프레젠테이션을 바탕으로 기본소득에 대해 설명했다.

"기본소득은 '4차 산업혁명 시대에 로봇과 AI 인공지능가 인간을 대신해 모든 일을 하게 되면 일자리를 잃은 사람들은 어떻게 살아야 하는가?' 이런 고민에서 더 큰 관심을 받고 있습니다."

화면에는 산업 현장에서 일하는 다양한 로봇의 모습이 펼쳐졌다.

"원래 이 세상의 땅, 그리고 자원은 우리 모두의 것입니다. 그런데 일부 사람들이 차지하고 큰 이익을 얻어서 불평등이 커져 가고 있습니다. 기본소득은 이 문제에 대한 해결책으로 제시되었습니다."

또박또박 설명이 이어졌지만 지원이도 조사한 자료를 보고 읽어 주는 정도라서 아이들이 이해하기에는 쉽지 않았다.

지원이 발표가 끝나고, 재명이 차례가 되었다. 재명이는 숨을 깊게 들이마셨다가 뱉었다. 발표할 때마다 떨려서 너무 힘들다. 재명이의 떨리는 마음을 아는지 모르는지 지원이는 화면에 영상을 띄울 준비에만 열중했다.

"이건 내가 기본소득 관련 자료를 유튜브에서 검색하다가 찾은 자료야. 키네틱샌드를 이용해서 기본소득에 대해 쉽게 설명해 주고 있으니 잘 봐."

재명이는 겨우 발표를 했다.

키네틱샌드로 기본소득을 알아보자 | 그거 앎?

재명이가 말을 마치자 지원이가 유튜브 동영상을 띄웠다.

역시 재명이처럼 아이들도 동영상에 금세 빠져들었다. 아이들은 중간중간 "와" 하고 탄성을 질러댔다. 그런데 대부분 기본소득 설명보다는 키네틱샌드로 모양을 만들었다, 없앴다 하는 것에 더 관심을 보였다.

"야, 키네틱샌드 신기하다. 액체 괴물 슬라임이랑은 또 다른 느낌인데?"

"난 키네틱샌드 이미 주문했지롱. 내가 곧 너희도 직접 만져볼 수 있게 해 줄게."

철희가 나서며 큰소리쳤다. 아이들은 그런 철희를 부러워했다. 철희는 지난번에 재명이에게 키네틱샌드 동영상 이야기를 듣고 바로 인터넷으로 키네틱샌드를 주문했다.

아이들은 기본소득에는 별 관심을 안 보이고 키네틱샌드만 이야기했다. 그때 철희가 나서서 발표를 이어갔다.

"자, 자, 여러분! 제 발표를 잘 들으면 키네틱샌드를 직접 실물 영접할 수 있도록 해 드릴게요. 그러니 제 말에 귀 기울여 주시기 바랍니다. 에헴!"

철희답게 넉살 좋게 발표를 시작했다. 재명이는 그런 철희의 자신감이 부러웠다.

"자, 저는 기본소득의 원칙에 대해 설명하겠어요. 첫째, 보편성이에요. 보편성. 에…… 그게 뭐냐? 그냥 그 사회 구성원이면, 즉 남자, 여자, 어른, 아이, 종교 여부 가리지 않고 다 준다는 얘기예요."

철희는 털보 쌤처럼 예를 들어 설명했다.

"여러분, 생일 파티에 남자니, 여자니, 친하니, 안 친하니 엄청 따져서 몇 명만 초대하지요? 보편성이란 건 그게 아니에요. 저처럼 통 크게 우리 반 친구라면 누구나 다 초대하는 거예요. 이제 보편성이 뭔지 눈치챘나요? 맞아요. 그냥 시민 모두에게 기본소득을 준다는 거예요. 어때요? 제 설명이 귀에 쏙쏙 들어오지요?"

정말 철희는 말을 잘한다. 진짜 철희는 생일 파티에 우리 반 전체를 초대했었다. 철희 부모님이 키즈 카페를 통째로 빌려 우리 반 전체가 신나게 놀았었다. 다 철희네가 부자라서 가능한 일이었다.

이때 털보 쌤이 나서서 설명을 이어 갔다.

"철희가 설명을 쉽게 잘해 주었네요. 보편성은 우리가 알고 있는 선거의 4대 원칙 중 '보통선거의 원칙'과 비슷해요. 보통선거란 우리나라의 경우 18세 이상이면 신분이나 재산, 성별, 종교 등을 일절 따지지 않고 모두에게 투표권을 주는 것을 말하지요."

털보 쌤은 지난 수업 때 아이들이 배운 선거의 원칙과 연결해서 설명을 했다.

"그와 같이 기본소득의 보편성도 성별, 종교, 나이, 정치성향 등에 관계없이 누구에게나 기본소득을 지급해야 한다는 개념이에요. 심지어 18세 이상의 나이 제한도 없어요. 갓 태어난 아기부터 모든 사람에게 준다는 점에서 '보통선거의 원칙'보다 그 대상이 더 넓답니다. 훨씬 더 보편적인 것이지요."

"네. 네, 선생님 말 맞고요."

철희는 털보 쌤의 말을 받아 다시 설명을 이어갔다.

"둘째, 무조건성이 중요해요. 뭐라고요? 무. 조. 건. 성. 여기 밑줄 쫘아아아악 쳐야 해요. 왜냐고요? 중요하니까, 흐흐."

마치 인터넷 강의 '일타강사'처럼 재미있게 발표하는 철희에게 아이들은 점점 빠져들었다.

"무조건성은 그 사람이 일을 하든 안 하든, 돈이 많든 적든 자격 심사 없이 그냥 무조건 다 준다는 겁니다. '당신을 향한 나의 사랑은 무조건 무조건이야. 당신을 향한 나의 사랑은 특급 사랑이야'."

갑자기 철희가 트로트를 부르는 바람에 아이들은 또 함박웃음을 터뜨렸다. 함께 웃던 털보 쌤은 아이들 웃음이 멈추기를 기다렸다가 다시 설명에 나섰다.

"맞습니다. 그동안 복지는 그 사람 재산의 많고 적음을 따졌습니다. 그 사람이 '스스로 가난하다'라는 것을 증명해야만 도움받을 수 있었습니다. 또한 일할 능력이 있는지 없는지를 따져서, 능력이 없는 사람만 도와주었습니다. 그런데 기본소득은 그런 자격심사를 하지 않고 무조건 지급한다는 원칙을 갖고 있습니다."

그때 예주가 번쩍 손을 들었다. 선생님이 예주를 바라보며 고개를 끄덕하자 예주는 자리에서 일어나 침울한 목소리로 이야기를 시작했다.

"선생님, 저는 무조건성이 참 중요하다고 생각해요. 얼마 전 뉴스를 보다가 정말 슬펐어요. 여러분도 보셨나요? 42세의 아주머니와 여섯 살 난 아들이 굶어 죽은 채 발견되었다는 뉴스 말이에요. 엄마는 그 뉴스를 보고 우셨어요."

예주는 그때 일이 생각나서인지 또 울먹거렸다.

"그 아주머니는 우리 엄마랑 동갑이고, 그 아이는 제 동생이랑 나이가 같아요. 그런데 먹을 게 하나도 없어서 굶어 죽었어요. 못사는 아프리카 동네 얘기가 아니고 서울 한복판에서 벌어진 사건이에요."

화가 나는 듯 예주 목소리가 조금 올라갔다.

"우리나라가 일 인당 국민소득 3만 불이 넘는다고 해요. 3만 불이면 3,600만 원 정도 되고, 그 돈이면 한 달에 300만 원 정도 되는데, 먹을 것이 없어 굶어 죽는 사람이 있다는 게 이해가 안 돼요. 엄마도 저와 같은 마음이에요."

반 분위기가 갑자기 어두워졌다. 털보 쌤 얼굴도 심각해졌다.

"아, 예주가 아주 잘 이야기해 줬어요. 사실 선생님도 그 뉴스 듣고 마음이 많이 아팠어요. 북한에서 살던 그 아주머니는 배가 고파 살기 위해 탈북을 했는데, 오히려 한국에 와서 그만 굶어 죽었다는 사실에 사람들의 충격이 더 컸답니다."

그러면서 예주보다 더 자세히 그 사건에 대해 말씀해 주셨다.

"우리나라에는 가난한 이들을 위한 '기초생활수급자'라는 제도가 있답니다. 그런데 문제는 자격심사가 있다는 겁니다. 가난을 스스로 증명해야 하는 거죠. 게다가 가족 중에 능력 있는 사람이 없다는 것을 증명해야지만 자격을 얻어 정부 지원을 받을 수 있습니다."

설명하는 털보 쌤 표정이 좋지 않았다. 아이들도 심각하게 털보 쌤 말을 들었다.

"이번에 돌아가신 아주머니도 주민 센터 복지 팀에 가서 기초생활수급을 신청했지만 '남편과의 이혼 확인서를 받아오라'는 말에 좌절을 했다고 합니다. 당장 쌀 살 돈도 없어 신청하러 왔는데, 비행기 타고 중국에 가서 이혼 서류를 떼 오라니, 그게 말이 됩니까?"

털보 쌤은 화가 나는지 목소리를 높였다. 표정

까지 일그러뜨리자 삐죽빼죽한 수염이 꿈틀거렸다. 아이들도 공무원들이 너무했다고 수군거렸다.

"물론 공무원들이 안일하게 대처한 잘못도 있지만, 더 큰 문제는 제도와 시스템입니다. 공무원들은 단지 그 제도에 맞춰 일하는 것뿐입니다."

선생님은 아이들에게 기본소득을 설명해 주기 위해 공부를 하면서 느낀 점도 함께 말씀하셨다.

"만약 기본소득이 이미 실시되고 있었다면, 그 탈북한 엄마와 아들은 자격 심사 없이 지원금을 받을 수 있었을 것이고, 그러면 최소한 굶어 죽는 일은 막을 수 있었을 텐데 하는 아쉬움이 있습니다."

아이들은 무조건성이 왜 중요한지 조금은 알 것 같았다. 그때 침울한 분위기를 깨고 철희가 다시 나섰다.

"선생님, 저 계속 설명해도 되나요?"

그러자 털보 쌤은 철희에게 자리를 비켜 주었다.

"자, 지금까지 보편성 그리고 무조건성에 대해 알아봤고요. 지금부터는 에…… 또…… 거시기, 뭐냐? 아, 그렇지? 개별성에 대해서 알아보도록 하겠습니다. 개. 별. 성. 과연 이게 무슨 말이냐? 이것은 기본소득을 한 사람, 한 사람 따로따로 준다는 것입니다. 한 집, 한 집 이렇게 주지 않고 한 사람, 한 사람한테 준다는 것입니다."

철희는 어두운 분위기를 몰아내려는 듯 일부러 더 크게 말했다.

"예를 들어 볼까요? 교장 선생님이 우리 반에 특별 상금 15만 원을 담임 선생님께 줬습니다. 자, 진짜 준 것은 아니랍니다. 오해는 마세요. 흐, 어쨌든 그 돈을 어떻게 쓰느냐 하는 것은 담임 선생님 결정에 따라 달라집니다."

철희 특유의 너스레와 함께 이야기가 이어졌다.

"우리 반을 위해서 담임 선생님이 운동 기구를 산다고 생각해 봅시다. 저처럼 운동을 좋아하는 친구들은 좋습니다. 그런데, 아마 운동을 싫어하는 친구들은 못마땅할 것입니다. 누군가는 그 돈으로 치킨, 피자 파티를 하고 싶을 겁니다. 아, 우리 반도 치킨, 피자 파티를 갑자기 하고 싶네요. 흐, 어때요? 여러분도 치킨, 피자 파티 하고 싶지 않나요?"

갑작스러운 치킨, 피자 파티 이야기에 아이들 눈이 휘둥그레졌다. 갑자기 철희가 "파티 해. 파티 해" 외치며 손으로 박자까지 맞췄다. 그러자 아이들도 덩달아 "파티 해, 파티 해"라고 한목소리로 외쳤다.

털보 쌤은 황당하다는 표정을 지었다. 그러더니 이내 두 손을 들어 아이들을 조용히 시켰다.

"자, 자, 뜬금없는 '치킨, 피자 파티' 이야기 잘 알겠어요. 하고 싶은 일은 해야지요. 여러분 마음은 잘 알았으니, 자치회 시간에 의논해서 결정해요. 됐지요? 철희, 설명 끝났나요?"

"아니요. 쪼끔 남았는데요."

철희는 치킨, 피자 파티를 하게 된 게 다 자기 덕분이라는 듯 의기양양하게 말을 이어갔다.

"어쨌든 그 돈을 우리 반 전체를 위해 쓰라고 담임 선생님께 드리면 결국 그 돈은 우리 돈인데도 담임 선생님 결정에 따를 수밖에 없어요. 그러면 그 결정에 만족하는 사람도 있겠지만, 불만이 있는 사람도 생길 수 있다는 것입니다."

철희는 아까 하던 이야기를 다시 정리해 주고 새로운 이야기로 이어갔다.

"그런데 만약 교장 선생님이 특별 상금 15만 원을 우리 반 전체에 주지 않고, 대신 우리 반이 30명이니까 한 사람씩 따로따로 5,000원씩 나눠 준다면 어떨까요? 여러분은 그 돈으로 떡볶이를 사 먹든, 저축을 하든 마음대로 쓸 수 있습니다. 하고 싶은 대로, 눈치 보지 않고, 마음대로! 이렇게 본인이 필요한 곳에 알아서 쓸 수 있다면 더 좋지 않을까요? 이게 바로 개. 별. 성이랍니다."

철희의 설명에 아이들은 보편성, 무조건성, 개별성이라는 말을 조금은 이해하는 눈치였다. 철희는 이어서 마지막 설명을 했다.

"지금까지 기본소득에서 정말정말 중요한 3대 원칙, 보편성, 무조건성, 개별성에 대해 설명했고요. 이제 나머지 3개가 더 있는데……. 아, 뭐였더라? 잠깐만요."

그러더니 앞에 놓인 자료를 마구 뒤적거렸다.

"아, 찾았다! 정기성, 현금성, 뭐, 이 두 가지가 더 있는데, 사실 아직 제가 여기까지는 충분히 조사를 못해서……. 이건 나중에 설명을 할까 합니다. 헤헤. 전 여기까지……. 철희는 다시 돌아옵니다. 시 유 어게인!"

아이들은 재미있게 발표한 철희를 위해 큰 박수를 보냈다. 털보 쌤도 진심 어린 박수를 보냈다.

"자, 지원이와 재명이 그리고 철희 모두 수고했어요. 준비도 아주 잘했고, 발표도 참 잘했어요. 모둠 발표 다 끝난 것 맞나요?"

그때 지원이가 손을 번쩍 들었다.

"선생님, 우리 반에서도 기본소득을 해보면 어떨까요?"

"우리 반에서? 어, 글쎄……. 너무 갑작스러운 제안이라 선생님도, 여러분도 생각할 시간이 필요한 것 같군요. 토론도 필요하고 말이에요. 다음 토론 시간에 그 문제를 안건으로 토론해 보면 어떨까요?"

"네, 좋아요. 다음번 토론 주제로 정해요."

여러 아이들이 찬성했다. 평소 털보 쌤은 생활 속에서 수업이 이루어져야 한다고 생각했다. 그래서 국어 시간에 배운 대립 토론 방식으로, 학급 문제를 가지고 자주 토론을 벌였다. 토론을 통해 아이들은 더 쉽게 배울 수 있었다. 자신들의 문제를 다루는 일이 많아 토론 참가 열기도 뜨거웠다.(토론에 대해 자세히 알고 싶다면《대갈장군이어도 좋아!》를 참고하세요. 이선배 작가님이 쓰신 책입니다.)

물론 그냥 앉아서 듣기만 했던 예전 수업보다 준비할 것도 많고, 참여해야 할 일도 많아 귀찮아하는 아이들도 더러 있었다. 하지만 대부분은 이런 수업 방식을 참 좋아했다.

로봇과 인공지능 시대에도 공부를 잘해야 하나요?

집안 공기가 무거웠다. 학원에서 돌아온 재명이는 뭔가 일이 터졌다는 사실을 직감했다. 엄마 눈가에 눈물 자국이 보였다. 무슨 일인지 궁금했지만 물어볼 엄두가 나지 않았다. 그래서 조용히 방에 들어가 숙제를 하려고 공책을 펼쳤다. 하지만 귀는 자꾸 거실로 향했다.

"어떻게 해? 여보, 어쩌지? 우리 당장 가 봐야 하는 것 아니야?"
엄마의 걱정 가득한 목소리가 들렸다.

"가 보긴 해야 하는데. 자기 오늘 야간 근무라서 조금 이따 출근해야 하잖아. 갑자기 월차를 낼 수도 없을 테고. 나도 공장에 같은 조원이 지금 병가 중이라 휴가 내기가 어려운 상황이야."
아빠의 한숨 소리가 들려오는 듯했다.

"어머니가 많이 다치지 않으셨다니 며칠 뒤에 휴가 조정해서 가

봐야지. 너무 걱정 마."

아빠는 엄마에게 걱정 말라면서도, 본인은 많이 걱정되는지 목소리가 낮고, 떨렸다.

'할머니가 다치다니!'

재명이 가슴이 덜컥 내려앉았다. 할머니는 태안 바닷가 마을에 사신다. 정확히는 안면도 끝자락에 위치한, 전체 주민 수 100명이 채 안 되는 작은 마을이다. 할머니는 그곳에 시집오셔서 한평생을 바지락 캐고, 굴 따고, 해삼을 잡아 그 돈으로 아빠 학교도 보내고, 고모와 삼촌 뒷바라지도 다 하셨다. 지금도 할머니는 일흔이 넘은 연세에도 바닷일 물질을 하신다. 그런 건강한 할머니가 다치셨다니…….

할머니는 특히 재명이를 예뻐하셨다. 재명이도 그런 할머니가 참 좋았다. 할머니와 관계 있는 것들은 다 좋았다. 할머니가 잡은 싱싱한 해산물을 마음껏 먹을 수 있는 것도 좋았지만, 할머니 집 대청마루에 누워서 바라보는 하늘이 특히 좋았다. 찰랑찰랑 파도 소리 들으며, 쏟아질 듯 많은 별자리를 바라보면서 재명이는 천문우주 과학자의 꿈을 키웠다. 재명이가 사는 동네는 밤에도 네온사인, 편의점 간판, 가로등으로 환해서 별 보기가 쉽지 않다. 그런데 할머니 동네는 깜깜

해서 별이 정말 잘 보인다. 할머니가 들려주는 별자리 이야기는 정말 재미있었다. 물론 지금은 재명이가 할머니보다 별자리를 더 많이 알아
할머니께 오히려 이 별, 저 별 이야기를 들려주곤 한다. 그러면 할머니는 엉덩이 팡팡 두들기면서 이렇게 칭찬한다.

"아이고, 똑똑한 우리 손주! 박사님이여, 박사님. 누굴 닮아서 이리 똑똑한 겨? 아이고, 예뻐라!"

가끔은 칭찬으로만 끝내지 않고 고쟁이 주머니 깊숙이 감춰 두었던 돈을 꺼내 용돈을 주시기도 했다. 그 할머니가 어디를 어떻게 다치신 것일까? 펼쳐 놓은 숙제장에 눈물이 뚝뚝 떨어져 글씨가 번졌다.

엄마, 아빠는 휴가를 맞추기가 쉽지 않았다. 그 사이 할머니는 퇴원을 하셨고, 집에서 통원 치료를 받고 계신다는 소식이 전해왔다. 재명이는 할머니와 통화하면서 마음이 아팠다. 전화기 너머 할머니 목소리가 기운이 없었기 때문이다. 재명이 집에는 한동안 무거운 바윗덩어리가 짓누르고 있는 것 같았다.

어느 날, 어렵사리 엄마, 아빠의 근무가 조정이 되어 주말에 재명이네 가족 모두 태안 할머니 댁을 찾을 수 있었다. 주말 나들이 차량으로 꽉 막힌 도로를 운전하는 아빠는 피곤한 기색이 역력했다.

"아빠, 힘드시죠? 빨리 자율주행차가 생기면 좋을 텐데. 그러면 아빠도 운전하느라 애쓰지 않아도 되니 얼마나 좋아요?"

재명이는 유튜브에서 본 자율주행차 동영상이 생각이 났다. 운전할 필요가 없으니, 자동차는 움직이는 호텔이었다. 게임도 하고, 자기도 하고, 유튜브도 보는 등 집에서 시간 보내는 것처럼 하고 싶은 일을 하다 보면 어느새 목적지에 도착하는 것이다. 차들이 알아서 앞차와의 간격을 조절해서 가니까 차 막힐 일도, 사고 날 일도 없었다. 재명이는 곧 자율주행차가 미국에서 고속도로 트럭부터 본격화될 거라는 뉴스도 본 적이 있었다. 뉴스를 보면서 하루빨리 그런 날이 오면 좋겠다고 생각했다.

"자율주행차가 생기면 좋기는 한데, 아빠는 걱정도 되는구나. 대리운전 일도 못하게 될 테니 말이다. 그나마 아빠는 다른 직업이 있고, 부업으로 하는 일이니 괜찮은데, 택시 노동자들이나 화물 트럭 기사들은 당장 생계가 막막해질 거야. 운전이 직업인 분들은 자율주행차가 생기면 일자리가 사라질 텐데, 어떻게 산다니?"

"앗, 정말 그러네요? 그 점은 생각 못했어요. 스마트톨링 시스템도 그렇고, 자율주행차도 그렇고 과학 기술이 발달하는 것은 좋은데, 자꾸 일자리를 빼앗아가니 걱정이에요."

재명이는 엄마 걱정에 아빠 걱정까지 겹쳐 마음이 무거웠다. 4차 산업혁명 시대가 오면 참 좋겠다는 생각뿐이었는데, 자세히 알고 보니 그 때문에 없어지는 일자리로 고통받는 가정이 너무 많을 것 같았다.

듣고 있던 엄마가 한마디 했다.

"재명아, 그러니까 넌 공부 열심히 해야 해. 4차 산업혁명을 막을 수도 없는 노릇이고, 단순한 일을 하면 다 로봇, AI에게 일자리를 빼앗길 테니까. 공부 잘해서 좋은 직업 가져야 해!"

엄마는 '기승전 공부'이다. 늘 결론은 공부 열심히 하라는 얘기로 끝난다. 그런데 재명이는 문득 의문이 들었다.

"그런데 엄마, 공부 잘하면 정말 괜찮아요? 지난번에 뉴스에서 보니까 '왓슨'이라는 AI가 암 진단을 하고, '알파 봇'인가 하는 AI는 주식투자도 하고, 신문 기사 쓰는 AI도 있고. 정말 AI가 못 하는 일이 없던데, 진짜 공부만 잘하면 될까요? 천문우주과학자 일도 AI가 다 하게 되면 어쩌죠?"

재명이는 엄마, 아빠 걱정만 하고 있었는데, 정작 자신의 미래도 걱정이었다. 천문우주과학자의 일도 어쩌면 AI가 자신보다 더 잘할지도 몰랐다.

'그런 일이 생기면 난 어떻게 하지?'

재명이의 마음에 AI에 대한 두려움이 생겨났다.

"그러게 말이다. 강인공지능 Strong AI이 나타나면 정말 로봇이 할 수 없는 일이 있을까 싶은데, 세상이 어찌 변할지 아빠도 걱정스럽구나. 참, 네가 요즘 공부하는 '기본소득'도 4차 산업혁명 시대 대비

해서 나온 거라고 하더라."

재명이는 기본소득 이야기가 튀어나와 반갑기도 하고 궁금하기도 했다.

"아빠, 무슨 말씀이에요? 좀 더 자세히 알려 주세요."

"그동안은 '일자리가 복지다' 해서 일을 다시 할 수 있게 직업 교육을 시킨다든가, 일자리를 만든다든가 하는 일이 중요했지. 일자리를 잃은 사람들에게 실업수당을 주어서 다시 취업을 할 수 있게 독려한 것도 그런 복지 정책 중 하나라고 할 수 있고."

재명이는 대통령이 집무실에 일자리 현황판을 설치하면서까지 일자리 만들기에 노력한다는 뉴스를 본 적이 있었다. 아빠의 이야기에 대통령이 부지런히 노력하는 이유를 조금은 알 것 같았다.

"그런데 앞으로는 '일자리' 자체가 없을 테니 실업수당 가지고는 해결이 안 된다는 거지. 그동안은 사람의 노동력이, 자본 못지않게 생산하는 데 중요했는데, 이제 AI나 로봇으로 대체하면 되니까 사람은 그만큼 필요 없게 될 거야."

아빠는 긴 이야기인지 잠시 쉬었다 다시 시작했다. 재명이는 아빠의 이야기를 걱정스러운 표정으로 묵묵히 들었다.

"회사 입장에서 생각해 보자. 사람 대신 로봇이 물건을 생산할 수는 있어도 그 물건을 로봇이 소비하지는 못하지? 소비는 사람만이 할 수 있어. 그런데 소비하려면 돈이 있어야 하니까 사람들에게 돈을 줘서 소비하게 할 필요가 있겠지? 그렇지 않으면 다 같이 망할 거야."

재명이는 좀 이상하다는 생각이 들었다. 로봇이 물건을 생산해도 그걸 소비해 줄 사람이 없으면 다 같이 망하게 된다는 아빠 말이 금방 다가오지 않았다. 재명이가 알 듯 말 듯한 표정을 짓자 아빠는 좀 더 쉽게 설명을 했다.

"재명아, 네가 친구들이랑 〈유희왕 카드〉나 〈포켓몬 카드〉로 따먹기 놀이를 한다고 생각해 봐. 만약 둘이서 하는데, 네가 친구 카드를 다 땄어. 그러면 어떻게 될까?"

"그러면…… 게임이 끝나지요."

"그런데 재명이 네가 만약 친구랑 계속 카드 게임을 하고 싶어. 그런데 친구는 카드가 없어. 그러면 재명이 너는 어떻게 할래?"

"아, 그러면 제 카드 몇 장을 주고, 다시 하자고 할래요."

"바로 그거야! 로봇을 통해 물건을 생산했지만, 그 물건을 사 갈 사람이 없으면 그 공장은 망할 수밖에 없겠지? 그러니까 사람들에게 돈을 나눠 줘서 물건을 사 가게 해야 그 공장이 망하지 않고 계속 유지될 수 있다는 것이지."

아빠가 카드 게임을 예로 들어서 설명해 주니 재명이는 조금 이해가 되었다. 그런데 카드 게임이야 재미로 하는 것이지만, 공장 사장님은 왜 그런 일을 하는 것인지, 그 부분까지는 명쾌하게 이해가 되지 않았다.

"그래서 기본소득이 지급되면 사람들은 돈을 벌기 위해서 싫은 일을 어쩔 수 없이 하지 않아도 되고, 돈에 신경을 덜 쓰고 자신이 진짜 하고 싶은 일을 할 수 있다고 주장하지."

아빠는 재명이가 좀 더 쉽게 알아들을 수 있도록 재명이의 꿈과 연결 지어 설명했다.

"네가 천문우주과학자가 되려고 하는 것도 사실 돈을 벌려고 하는 것은 아니잖아? 그냥 별이 좋고, 하늘과 우주가 궁금해서 탐구하려고 하는 거지. 기본소득이 있다면 그런 일을 돈과 관계없이 마음껏 할 수 있다는 얘기야."

"정말요? 그건 참 좋은데요? 그러면 엄마도 저보고 천문우주과학자 하지 말라고 안 말릴 것 같아요. 엄마는 맨날 저보고 별 본다고 돈 안 나온다고 돈 되는 일을 하라고 하시는데. 아, 기본소득! 그거 꼭 되었으면 좋겠어요."

엄마가 발끈했다.

"재명아, 기본소득이란 게 될지 안 될지도 모르고, 기본소득 나와 봤자 겨우 먹고살 수 있을 정도밖에 안 될 게 뻔해. 그러니까 엄마 말은 돈 제대로 버는 일을 해야 한다는 거야. 알아들어?"

엄마 말에 한껏 들떴던 재명이 마음이 가라앉았다.

"당신은 왜 애 기를 죽이고 그래? 천문우주과학자가 얼마나 가치 있는 직업인데. 기본소득을 많이 받아 돈 걱정 없이 꿈을 이룰 수 있는 세상이 오지 말라는 법도 없잖아?"

아빠의 말에 재명이는 다시 기운이 솟았다. 재명이는 미소를 머금은 채 엄마, 아빠에게 물었다.

"엄마, 아빠는 기본소득이 나오면 뭘 하고 싶으세요?"

"기본소득을 받으면 뭘 하고 싶냐고? 글쎄, 난 뭘 하고 싶을까?"

아빠가 선뜻 대답하지 못했다. 금방 대답을 못 하기는 엄마도 마찬가지였다. 엄마는 한숨을 폭 쉬고는 입을 열었다.

"맨날 일한다고 정신없이 살기만 했지, 진짜 내가 뭘 하고 싶은지 생각도 못했네. 나도 한때는 꿈 많은 여고생이었는데……. 꿈 많던 내 청춘은 다 어디로 갔나?"

아빠는 묵묵히 운전만 했다. 재명이는 괜한 질문을 했나 슬쩍 후회가 됐다.

'엄마도, 아빠도 그동안 먹고사느라 너무 바빠서 꿈이 무엇인지 생각조차 못 했나 보네. 기본소득을 받으면 엄마, 아빠가 꿈을 가질 수 있을까?'

한동안 차 안이 조용했다. 재명이도 조용히 있었다.

5
일을 안 해도 돈을 받는 할머니의 마을

할머니 댁에 도착해서 집 안으로 들어가니, 할머니는 발을 다쳐 깁스를 한 채 누워 계셨다. 재명이는 깜짝 놀라 할머니에게 달려갔다.
"할머니! 할머니 많이 아파요?"
할머니는 재명이를 보고 표정이 환해지며 두 손으로 반기셨다.
"아이고, 우리 똥강아지! 이 할미 보고 싶어서 왔어? 할미 괜찮

아. 걱정 마. 그려, 우리 똥강아지 공부는 잘하고? 어디 보자. 이게 얼마만이여. 밥은 잘 먹고 댕기지? 건강하제?"

할머니는 오랜만에 보는 재명이가 반가워 얼굴을 쓰다듬으며 기뻐하셨다.

"어머님, 죄송해요. 저희들이 진작 왔어야 하는데, 근무 때문에 이제야 왔네요. 몸은 좀 어떠세요?"

엄마는 너무 늦게 찾아뵌 게 죄송해서 할머니 앞에서 쩔쩔맸다.

"아이고, 죄송은 무신. 바쁜 사람들 뭐 하러 왔어? 내가 주책이지. 늙으면 빨랑빨랑 죽어야 하는데. 괜히 내가 젊은 니들 바쁠 텐데 귀찮게 해서 어치께 한다냐. 나는 암시도 않은께롱 걱정하지 마야. 그나저나 니들 밥은 먹었냐?"

"아이고, 엄마가 죽긴 왜 죽어? 그리고 아무리 바빠도 엄마가 다쳤는데 자식이 당연히 와야지. 요즘 집사람 회사 구조조정이다 뭐다 해서 정신없어서 늦게 왔어요. 죄송해요. 저희들 밥 다 먹고 왔으니까 엄마는 신경 쓰지 말고 몸이나 잘 챙기세요."

아빠는 할머니 손을 붙잡고 이야기를 나눴다. 엄마는 그 사이에 할머니 드리려고 준비해 온 죽도 데우고, 반찬들도 냉장고에 차곡차곡 넣어 두었다.

그때 밖에서 귀에 익은 목소리가 들렸다.

"할머니 안에 계셔유? 저 어촌 계장이구만유. 아이고, 이 집에 손님들이 왔당가. 신발들이 많네."

할머니는 어촌 계장님을 보고 얼른 들어오라고 손짓했다. 아빠가 벌떡 일어서서 어촌 계장님께 꾸벅 인사를 드렸다.

"계장님 오셨어요? 제가 그렇지 않아도 이따 찾아뵈려고 했는데. 지난번에 어머니 다치셨을 때 병원에도 입원시켜 주시고, 여러모로 신경 많이 써주셨다는 말씀 들었습니다. 고맙습니다."

"허허, 이 사람. 뭐 당연한 일 한 것 가지고 그랴? 그럼 어촌 계장이 할머니 다치셨는데 멀뚱멀뚱 쳐다만 보고 있나? 그래도 할머니 요만하기 천만다행이여. 하마터면 큰일 날 뻔했어."

할머니가 힘겹게 몸을 일으키며 어촌 계장님에게 인삿말을 건넸다.

"계장님이 어쩐 일이유? 내가 발이 아파서 일어서지도 못하고, 재명이 에미야! 여기 계장님 커피, 커피 한 잔 타다 드려라."

"아이고, 됐시유. 커피 벌써 여러 잔 마셨시유. 아무 신경 쓰지 마세유. 서울에서 자식 분들이 오셨는가 보네. 할머니 다리는 쫌 어떠세유? 좀 괜찮아졌슈?"

할머니는 그저 고개만 끄덕끄덕했다. 어촌 계장님이 아빠를 보며 당부했다.

"어머님 보약도 쫌 해드리고, 잘 보살펴 드려. 내 말 안 해도 알아서 잘하겠지만 말이여, 흐흐."

"아, 네 알겠습니다."

아빠는 대답을 마치자마자 어촌 계장님 드리려고 챙겨 온 선물 상자를 꺼냈다. 어촌 계장님은 한사코 사양하다가 받으라는 할머니 말씀에 할 수 없이 선물 상자를 받았다.

"그나저나 오늘은 뭔 일로 오셨대유?"

할머니 물음에 그제야 어촌 계장님은 생각이 났다는 듯 웃옷 안주머니에서 흰 봉투를 꺼냈다. 제법 봉투가 두툼했다. 어촌 계장님이 그 봉투를 불쑥 내밀자 할머니는 의아한 표정으로 물었다.

"이게 뭐유? 뭔 돈이유?"

할머니 물음에 어촌 계장님은 밝은 얼굴로 대답했다.

"뭐긴 뭐예유? 마을연금이지유. 할머니 마을연금 타는 날이구만유. 다들 마을회관에 불러서 나눠 드렸시유. 할머니는 다리가 아파서 못 나온께 내가 직접 갔다 드릴라고 왔시유."

"내가 이 돈을 어치케 받는데유. 내는 이 돈 못 받어유. 도로 넣어둬유."

할머니는 손사래까지 치며 받기를 거절했다. 어촌 계장님은 돈 봉투를 더 바짝 들이밀며 말했다.

"아니, 할머니 돈인데, 왜 할머니가 못 받어유? 참 별일이네유. 자기 돈을 왜 자기가 안 받는다고 해유?"

이 낯선 풍경에 재명이 가족들은 뭔 사연인지 몰라 모두 어리둥절했다.

"아따, 계장님! 벼룩도 낯짝이 있다는디, 나도 양심이 있어유. 내가 이 돈을 어치케 받아유? 내가 다리를 다쳐갖구 공동 채취 작업도 못 나갔는디, 일도 안 하고 이 돈을 어치케 받는대유? 마을 사람들이 다 나 욕해유. 나 그렇게 양심 없는 사람 아니어유. 마을 사람들 다시 갖다 줘유."

"하하하. 할머니 뭔 오해가 있나 봐유. 이것은 할머니 일했다고 주는 돈이 아니구만유. 그 뭐다냐? 왜 지난번 회의에서 우리 결정했 잖유."

어촌 계장님은 할머니께 자초지종을 설명드렸다.

"우리 만수동 어촌계 공동작업장. 그 갯벌 그거 다 우리 만수동 주민들 꺼 아니유. 아, 할마씨 돌아가신 영감님도 같이 피땀 흘려서 만들었잖유. 안 그래유?"

할머니는 고개를 끄덕거리며 경청했다.

"그래서 이건 한 개인 것이 아니다. 그러니, 거기서 일해서 얻은 성과물의 70%는 각자 일한 몫으로 갖고, 30%는 모두의 것이니께 일한 것 관계없이 나누기로 그렇게 결정했잖유. 이건 할머니 일 못한 70%가 아니라 원래 이 갯벌 주인인 할머니한테 주는 그 30% 할머니 몫이어유. 그러니께 할머니가 받아야 정상이유. 양심 타령할 필요가 없시유."

그제야 할머니 표정이 환해졌다.

"아, 정말 내가 받아야 정상이유? 하긴 우리 공동 작업장 만드느라고 젊어서부터 우리 영감도, 나도 쎄빠지게 일했지. 아이고 그때 고생한 것 생각하면……. 하긴 저 바다도 갯벌도, 다 우리 마을 거지. 그 말은 맞는 말이구먼. 그럼 이 돈 내가 받아도 되는 거유. 어치깨롱 이런 좋은 생각을 했당가. 참 좋네, 좋아."

할머니가 돈 봉투를 받아들이며 환하게 웃었다. 이 광경을 보고 있던 재명이가 불쑥 끼어들었다.

"할머니 지금 기본소득 받은 거예요. 그런데 여기도 기본소득이 있네요?"

"뭐, 기본소득? 그게 뭐다냐? 우리 똥강아지는 아는 것도 많아. 계장님 우리 똥강아지가 얼마나 똑똑한지, 아, 하늘의 별자리도 모르는 게 없어유. 그 뭐더라……. 카스텔라 자리? 막 그런 것들도 알구, 공부도 1등 하구, 올백이랑께요. 박사여, 박사."

할머니는 재명이 자랑에 신이 났다. 어촌 계장님도 기특하다고 재명이 머리를 쓰다듬으며 칭찬해 주셨다. 재명이는 1등도 아니고, 올백도 못 맞는데 할머니가 그렇게 말씀해 주시니 기분이 좋았다. 한편 부끄럽기도 했다. 재명이는 남몰래 할머니 바람대로 꼭 1등도 하고, 올백도 맞아야겠다고 결심했다.

"할머니, 카스텔라는 먹는 빵이고요. 카.시.오.페.아. 카시오페아 자리요."

"그랴, 그랴. 카스텔라는 빵이지, 흐흐. 이 할머니가 자꾸 깜빡깜빡해서 그랴. 카시페야자리. 그래, 그 이야기도 겁나 재밌더구만. 그게 어디였더라? 또 까먹었네. 재명아, 이따 밤에 또 알려 줄 거지? 이 할미는 재명이가 들려주는 별 이야기 참 잼나구 좋더라."

"네, 할머니. 제가 새로운 별 이야기 많이많이 공부해 왔어요. 이따 밤에 다 알려 드릴게요."

어촌 계장님은 그 사이 아빠와 마을연금에 대해 이야기를 나눴다. 아빠는 연신 놀라는 눈치였다. 그리고 몇 번이나 계장님께 감사하다고 인사했다.

아빠와 대화를 마친 어촌 계장님은 그만 가 봐야겠다며 자리를 털고 일어났다. 할머니가 저녁밥을 먹고 가라며 붙잡았지만, 어촌 계장님은 다른 어르신에게 마을연금을 나눠 드려야 한다며 바삐 할머니 집을 나섰다. 재명이는 그런 어촌 계장님이 참 든든해 보였다. 어깨가 참 크고 넓다는 생각도 들었다.

할머니를 뵙고 돌아오는 길. 재명이네 가족 모두는 그동안 어깨를 짓누르고 있던 무거운 바위를 내려놓은 기분이었다. 아빠는 운전을 하면서 한결 밝은 목소리로 어촌 계장님에게 들었던 마을연금 이야기를 들려주었다.

대부분의 어촌계에서는 공동 작업에 참여한 사람만, 자신이 일한 만큼 소득을 올린다. 그런데 만수동 어촌계는 바다에 나가 작업하지 못한 계원들에게도 수익의 일부를 나눠 주는 마을연금을 도입했다. 처음 마을연금을 제안했을 때 반대가 심했다고 한다. 일한 사람들만 권리를 인정받는 다른 곳과 달리 어촌 계원이면 누구나 권리가 있다는 생각의 전환은 낯선 것이었다. 심지어는 이 마을연금을 제안한 어촌 계장님 부인도 반대해서 부부 싸움을 크게 했다고 한다.

어촌 계장님은 이런 상황에서도 포기하지 않고 반대하는 주민들을 일대 일로 만나 차분히 설득했다.

"우리도 곧 노인이 되면 일하지 못하잖아유. 마을연금은 결국 우리에게도 혜택이 되어 돌아온다니까유."

"우리가 바지락과 굴을 캐는 이 갯벌은 자연이 우리 마을에 준 선물이어유. 또 뭐냐, 우리 부모가 피땀 흘려 젊은 청춘을 바쳐 만든 곳이어유. 긍께 그분들께 돌려주는 것이 맞잖아유?"

간곡한 설득 끝에 결국 공동작업의 결과물 중 70%는 각자가 갖고, 30%에 대해서는 작업에 참여하지 못한 사람들에게 나눠 주기로 했다고 한다. 그 결과 1년에 약 300만 원가량의 연금을 고령자, 장기 입원환자, 장애인 등 스스로 돈을 벌기 어려운 분들이 받을 수 있게 되었다. 덕분에 돈 걱정을 덜고 마음 편하게 살게 되었다고 한다.

그 결과 1년에 약 300만 원가량의 연금을 어촌 계원이면 누구나 받을 수 있게 되었다고 한다. 마을연금 덕분에 고령자, 장기 입원 환자, 장애인 등 스스로 돈을 벌기 어려운 분들이 돈 걱정을 덜고 마음 편하게 살게 되었다고 한다.

결국 만수동 마을 주민들은 더 자부심을 갖게 되었고, 이 마을로 이사 오려는 사람들이 늘어서 대기자가 생길 만큼 마을에 활기가 넘치게 되었다고 한다.

또한 마을연금의 효과가 알려지면서 이웃 마을인 고남4리도 마을연금을 도입하기로 했고, 다른 어촌계에서도 도입을 위한 회의가 진행 중이라는 소식이 들려온다고 했다.

"아빠, 마을연금이 만수동의 기본소득이네요? 다른 마을도 기본소득이 실시되면 할머니 마을처럼 더 살기 좋아지지 않을까요?"

재명이는 흥분되어 물었다.

"글쎄다. 기본소득을 주장하는 사람들은 그런 장밋빛 청사진을 내세우던데, 과연 나라 전체 차원에서 실시했을 때도 그럴 수 있을지 아빠는 아직 잘 모르겠네. 정부에서도 어떤 문제가 있을지 시작 전에 꼼꼼히 따져 봐야겠지?"

아빠는 신중하게 말했다. 그러자 엄마가 자신의 의견을 밝혔다.

"하긴 30%를 떼어 줘야 하잖아. 지금도 솔직히 세금 떼는 것 아깝다고 난리인데, 결국 그 기본소득이라는 것도 돈이 있어야 하는 것 아니야? 그 돈이 하늘에서 뚝 떨어지는 것은 아닐 테고, 결국은 다 세금일 텐데, 세금 내는 것 누가 좋아하겠어? 아마 내 생각에는 시행하기 어려울 것 같아."

엄마의 의견은 부정적이었다. 재명이는 엄마, 아빠의 이야기를 비교하며 곰곰이 생각해 보았다.

'기본소득이 실시되면 금방 천국이 될 줄 알았는데, 과연 될 수 있을까?'

몇 번을 곱씹어도 확실하다는 생각은 들지 않았다.

해남 땅끝마을에서 시작된 변화의 바람

　추석 명절이라고 온 나라가 들썩였다. 지원이는 추석 명절에 남동생과 함께 경상북도 봉화에 다녀와야 했다. 그곳에는 큰아버지가 사신다. 양가 할머니, 할아버지들이 모두 지원이 어렸을 적에 돌아가셔서 친구들이 할머니, 할아버지께 용돈 받고, 선물 받은 이야기를 할 때면 뭔가 허전한 느낌이었다. 봉화는 지원이에게 그런 허전함을 채워줄 수 있는 곳이었다. 봉화에 가면 도시에서는 체험할 수 없는 새로운 것들이 있어 명절은 늘 설레었다.

　한편 재명이는 태안 할머니 댁에 다녀온 지 얼마 되지 않아서 올 추석에는 아빠와 단둘이 해남 외할아버지 댁에 갈 예정이었다. 엄마는 명절이면 귀성·귀경객들로 고속도로가 혼잡해서 비상근무를 해야 했다. 그래서 추석이고, 설이고 명절에 엄마 얼굴 보기란 하늘의 별따기였다.

서해안 고속도로를 타고 쭉 내려가면 해남 땅끝마을 외할아버지 댁이다. 멀고 먼 길이지만 반갑게 맞아 줄 외할아버지를 생각하면 안 갈 수도 없었다. 엄마는 홀로 계신 외할아버지를 자주 못 뵈어서 속상해 했고, 죄송해 했다. 재명이는 그런 엄마를 대신해서 외할아버지께 어깨도 주물러 드리고, 말벗도 되어 드리기로 마음먹었다.

가을 들녘 황금빛 물결이 장관이었다. 누런 벼들은 추수를 기다리고 있었다. 산과 들과 바다가 어우러진 풍경이 참 좋았다. 아빠랑

　이런저런 이야기를 나누다 보니 어느새 외할아버지 댁 마을 입구에 다다랐다.
　"한가위 고향 방문을 환영합니다."라는 현수막이 재명이와 아빠를 반갑게 맞아 주었다. 그 밑에 또 하나 걸린 현수막에 재명이의 눈길이 갔다. "전국 최초 해남 농민 기본소득 지급을 환영합니다.", "농민 기본소득으로 농촌 경제 되살리자!"라는 구호가 적힌 현수막이 펄럭이고 있었다.
　재명이는 '농민 기본소득'이 무엇인지 궁금해졌다. 알래스카에서 열린다는 '세계 어린이 기본소득 대회'를 알기 전에는 '기본소득'에 대해 1도 몰랐었는데, 곳곳에서 '기본소득'이 자꾸 눈에 들어오니까 더 알고 싶어졌다.

외할아버지는 해남의 농부다. 평생 해남 땅을 떠나지 않고 이곳 땅끝마을에서 살았다. 얼굴은 검게 그을렸고, 이마에는 깊은 주름이 파였다. 손에는 평생 노동으로 단련된 굳은살이 한가득이었다. 외할아버지의 땀방울 덕분에 재명이는 맛난 쌀밥과 싱싱한 채소를 먹을 수 있어 늘 고마웠다.

외할아버지는 재명이를 반갑게 맞아 주셨다. 재명이와 아빠는 우선 큰절을 올렸다. 외할아버지는 재명이 손을 덥석 잡고, 머리를 쓰다듬어 주셨다.

"외할아버지, 잘 지내셨죠? 그런데 저 궁금한 게 있어요."

"이 할아비야 잘 지냈제. 재명이가 무엇이 궁금했으까?"

"마을에 들어오다 보니까요. 현수막에 농민 기본소득이라고 적혀 있던데, 그게 뭐예요?"

"우리 똑똑한 재명이가 농민 기본소득을 어찌 알끄나? 워메, 참말로 기특한 거……. 시방 농민 기본소득이 뭐냐고 물었제? 그 이야기가 솔찬히 긴디, 일단 배고풍게 밥부터 먹자잉. 이 할아비가 천천히 이야기해 줄게."

전라도 밥상답게 한 상 가득 차려진 음식들에 재명이는 신났다. 운전하느라 애쓴 아빠도 진수성찬에 어느 것부터 맛봐야 하나 정신이 하나도 없을 지경이었다. 외할아버지와 외숙모는 재명이 먹으라고 생선도 발라 주시고, 젓갈도 덜어 주셨다.

밥상을 물리고, 아빠는 가만히 있으라는 외숙모의 만류에도 불구하고, 음식 장만하느라 애쓰신 외숙모 쉬시라고 설거지를 하겠다고 나섰다. 외삼촌은 남사스럽게 남자가 무슨 설거지냐고 타박을 놓으셨지만, 아빠는 이제 시대가 변했다며 명절 음식도 같이 만들고, 치우는 것도 같이해야 한다고 고집을 꺾지 않으셨다. 외숙모는 결국 고무장갑을 벗어 아빠에게 주고, 식혜와 커피 그리고 배를 깎아서 방으로 들어오셨다.

식혜가 참 달달하니 맛있었다. 외할아버지도 커피 대신 식혜를 한 잔 쭉 들이키셨다.

"재명이 에미가 식혜를 참 좋아하는디, 우리 재명이도 입맛이 지 에미 닮아서 식혜를 잘 마셔야. 핏줄은 못 속이는 뱁이제. 그라제."

"그라지요. 그라지 않아도 고모 드시라고 식혜 많이 했으라. 재명아, 니 갈 때 식혜 몇 병 싸 줄 테니까 가서 엄마랑 맛있게 먹어라 잉."

"네, 외숙모. 고맙습니다. 엄마도 외숙모가 만든 식혜가 세계 최고래요. 엄마도 식혜를 몇 번이나 만들어 보려고 했는데, 외숙모처럼 하얗게, 맛나게 안 된대요. 제가 먹어 봐도 외숙모랑 엄마가 만든 식혜랑은 많이 차이가 나요? 호호호."

재명이의 칭찬에 손사래를 치는 외숙모의 얼굴에 웃음꽃이 활짝 피었다.

"아까 재명이가 농민 기본소득 물어봤제? 이제 그 이야기를 쬐까 들려줄까나?"

"네, 외할아버지. 저 진짜 궁금해요. 요즘 학교에서 기본소득에 대해 발표하는 일을 맡고 있거든요. 그리고, '세계 어린이 기본소득 대회'에 나가려면 기본소득에 대해서 잘 알아야 해요. 농민 기본소득 이야기 들려주세요."

"워메, 그래야? 우리 외손자 똑똑한지는 내 진즉 알았어도, 뭐야? 세계 어린이 기본소득 대회에 나간다구야? 워메, 좋은 거. 이 외할아버지가 없는 지식도 만들어 내서 알려줘야 쓰겄네, 흐흐."

재명이는 아직 세계 어린이 기본소득 대회에 갈 수 있는 것은 아니라고 말씀드릴까 하다가 외할아버지가 무척 좋아하시는 모습을 보고 그만두었다. 대신 꼭 가야겠다고 단단히 마음먹었다. 물론 외할아버지가 아니더라도 오로라를 보려면 반드시 한국 대표로 뽑혀야 했지만.

해남군은 2019년부터 해남군 내 전 농가를 대상으로 농민수당을 연간 60만 원씩 지역 상품권으로 지급하고 있다. 전체 농가를 대상으로 한 농민수당 지급은 전국 최초여서 해남군민들의 자부심이 컸다.

월 기준으로 보면 5만 원밖에 안 되는 적은 액수이다. 하지만 그래도 농촌이 망해가는 상황에서 그나마 농업의 가치를 인정해 주는 것 같아 해남군민들은 기뻐했다.

사실 할머니가 사는 태안 어촌 마을도 그렇지만, 이곳 해남 농촌도 아기 울음소리 들어본 지 한참일 정도로 젊은이들이 없었다. 그러다 보니 인구가 계속 감소하고 있는 실정이어서 외할아버지 같은 노인 세대가 돌아가시면 마을이 없어질 위기 상황이었다.

쌀농사는 지어 봤자 매년 적자였다. 외할아버지는 농사가 천덕꾸러기 신세가 되다 보니 농사지을 맛이 안 난다고 하셨다. "농자천하지대본"이라고 조선 시대만 해도 농부가 제일 존중받았는데, 지금은 농부가 가장 천한 직업 같다며 안타까워하셨다.

그동안 정부는 농촌 살린다고 돈을 엄청 쏟아부었는데, 그 돈이 다 어디로 갔는지 알 수 없다고 하셨다. 몇몇 사람은 대규모 농사를 지어서 부농이 되는데, 외할아버지처럼 논밭 몇 마지기가 전부인 소농들은 살림이 갈수록 어려워지기만 한다고 불만을 털어놓으셨다.

그나마 정부 정책이 농민 기본소득으로 바뀌어서 농민들이 안심하고 농사지을 수 있는 출발점이 마련된 것 같다며 외할아버지는 농민 기본소득을 반기셨다.

외할아버지 말씀을 듣고 있던 외숙모도 이야기를 거들었다.

"그런데 아버님, 솔직히 기본소득 너무 쬐깐해요. 월 5만 원 갖고 누구 눈코입에 붙이겄으라. 아그들 까까 값도 안 되지라. 그라고요. 농민 기본소득이라고 하면서 왜 농가 단위로 지급한다요? 솔직히 저희 여성 농민 입장에서는 서운하당께요. 요즘 시골에 일하는 여성 농민이 얼마나 많은디, 여성 농민은 쏙 빼버리구 농가당 지급한다요."

"맞아요. 기본소득 5대 원칙 중에 보편성은 남녀 구별하지 않고 누구나 준다고 했어요. 그리고 개별성도 있어서 각자에게 줘야 한다고 배웠어요."

재명이는 철희가 설명해 주었던 내용이 기억나서 외숙모 말에 맞장구쳤다. 외숙모는 재명이의 맞장구가 반가웠는지 한층 목소리를 높였다.

"아따, 우리 재명이 겁나 똑똑해부러야. 그라제. 당연히 농민 기본소득이면 농민 한 사람 한 사람 지급해야제. 우리 집만 해도 아버님, 신랑, 그리고 저, 이렇게 농민이 셋인디 농민 기본소득이라고 해 놓고서는 농가당 주니께 꼴랑 연간 60만 원밖에 안 되잖아요. 만약 농민 기본소득이면 3명이니께 180만 원을 받아야 하는디……."

재명이도 외숙모 주장이 맞다고 생각했다.

"그라고 진짜 농민 기본소득이 될라믄 연 60만 원이 아니라 월 60만 원은 돼야지. 그래야 돈 걱정 없이 농사 맘대로 짓지라. 그라믄 아마 도시에서 괜히 고생스럽게 일 안 하고 농촌 와서 산다는 사람도 많아질 텐디, 정부는 이 좋은 정책을 왜 싸게싸게 도입 안 하는지 모르겄으라."

오래오래 참고 있었던 말이었는지 외숙모는 거침없이 이야기를 쏟아냈다.

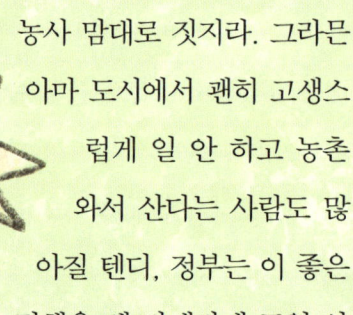

"그라제. 우리 며늘아기가 입바른 소리 제대로 했구먼! 그런데 며늘아기야, 어쩌겄냐? 어디 첫술에 배부르간디? 일단 시작은 했응께 니 말대로 돈도 늘려가고, 거 뭐냐? 농가당이 아니라, 응, 일인당 농민 기본소득으로 바뀌어야제. 그게 진짜 농민 기본소득이제."

외할아버지도 외숙모 말이 맞다며 두둔하고 나섰다.

"아, 재명이 애비 말마따나 세상이 바뀌었잖으. 이제 남녀 차별 그런 것 없지. 여자도 다 트랙터 몰고 바깥일 하구, 남자들도 설거지, 빨래 집안일 다하니께 당연히 진짜 농민 기본소득으로 공평히 줘야제. 나도 며늘아기 말이 다 맞다고 생각한다."

그러면서 말을 보태셨다.

"그래도 며늘아가 쬐매 아쉬운 점이 있어도 아, 우리 고향 해남에서 시작된 농민 기본소득이 시방 전국 팔도로 쫙쫙 뻗어나간다고 하지 않냐?"

그러면서 지난번 농민회에서 들은 이야기를 꺼내셨다.

"아, 전북, 충남, 경기 전국 각지에서 우리 해남 농민 기본소득 따라 한다고 막 배우러 오고 한다잖

어. 처음 시작이 어렵제 막상 시작하고 보면 탄력을 받아서 또 겁나게 발전하는 거여. 아마 곧 전국에서 농민 기본소득이 실시될 거랑게. 내 말이 맞나 틀리나 한번 보더라구."

이런 외할아버지 말씀에 외숙모도 맞장구를 치고 나섰다.

"역시, 우리 아버님은 생각이 탁 트이신 분이시라 다르당께요. 아직도 옛날 생각 못 버리고, 암탉이 울면 망한다고 타박 놓는 어른들도 많은디, 우리 아버님은 현대적이라 참 좋아 부러요. 친구들이 다들 부러워한당께요."

그러면서 신이 나서 말을 이어갔다.

"맞으라. 아버님 말씀처럼 시작이 어렵제 한번 시작하면 또 잘되지라. 아, 처음에 학생들 무상급식 시작할 때도 얼마나 시끄러웠어라. 삼성 이건희 회장 손자도 무상급식 줘야 하냐며 반발하고 난리도 아니었지라."

"그라제. 그때도 참 시끄러웠제."

외할아버지도 무상급식 논쟁으로 나라가 한참 시끄러웠던 그때 일을 떠올렸다.

"아, 그런디 지금 어찌 됐으라. 지금은 고등학생들까지 보편급식으로다, 전부 돈 안 내고 급식 먹는 것을 당연하다고 생각하잖어라? 몇 년 전만 해도 이런 세상이 올지 누가 알았겠으라?"

재명이는 외숙모의 이야기가 새로웠다. 학교에서 공부하고, 급식 먹는 것을 당연한 권리로 알았는데, 예전에는 아니었다니 참 낯설게 느껴졌다.

"우리 해남에서 농민 기본소득이 시작되었응께 전국 방방곡곡으로 잘 퍼져 나가겠지라. 다만 지가 말씀드리고 싶은 것은 첫 단추를 제대로 끼워야 하듯이, 농가당 주지 말고 개별적으로 주고, 돈도 좀 더 팍팍 줘야 한다는 거지라."

"아이고, 우리 며늘아기 국회의원 나가야쓰겠네. 말 한번 똑 부러지게 잘했구먼. 내 속이 다 후련해야? 재명아, 농민 기본소득 잘 알 긋냐?"

외할아버지는 흐뭇해서 재명이를 바라봤다.

"네. 외할아버지, 외숙모 말씀을 들으니 농민 기본소득이 뭔지 알

겠어요. 왜 필요한지도 잘 알겠고요. 시작이 어렵지 막상 시작하면 금세 퍼져 나간다는 말씀도 참 멋져요."

　재명이는 외할아버지와 외숙모를 향해 '엄지 척'을 해 보였다.

유튜버 안지원의 기본소득 인터뷰

지원이는 경상북도 봉화 큰아버지 댁에서 깜짝 선물을 받았다. 요즘 어떻게 지내냐는 큰아버지 물음에 학교에서 '기본소득'에 대해 프레젠테이션을 만들어 발표했던 이야기를 말씀드렸다. 그랬더니 큰아버지가 본인도 '기본소득'을 잘 안다고 하면서 친구 한 분을 소개해 준다고 했다. 그래서 지원이는 그 아저씨와 인터뷰하는 영상을 찍어 유튜브에 올리면 좋겠다는 생각을 말씀드렸다.

"그래? 그럼 큰아버지가 한번 연락해 볼게. 그 자슥 내 부탁이면 군말 없이 들어줄끼다. 우리 똑똑한 조카 부탁인데, 큰아버지가 들어줘야제."

그러더니 즉석에서 친구분과 통화를 하셨다. 다행히 친구분이 집에 계셔서 곧 건너오기로 하셨다. 정말 깜짝 선물이 아닐 수 없었다. 지원이는 부랴부랴 인터뷰 자리를 만들었다. 지원이가 기자가 되어 아저씨와 이야기를 나누고, 남동생이 스마트폰으로 촬영을 하기로 했다. 지원이는 꿈이 PD인데, 자신이 진행까지 맡아서 방송 프로그램을 만든다는 것이 참 신기했고, 신났다.

이윽고 큰아버지 친구분이 도착했다. 지원이는 인사를 드린 뒤 곧바로 인터뷰를 시작했다.

"안녕하십니까? 저는 지금 경상북도 봉화에 와 있습니다. 지금부터 전국 방방곡곡을 누비며 기본소득을 알리기 위해 애쓰셨던 농민 한 분을 만나 '기본소득 캠페인'에 대해 이야기 나눠 보도록 하겠습니다. 먼저 간단한 자기소개 부탁드립니다."

"아, 지금 말하나? 어디 보고 하면 되노? 쑥스럽고 겁나 떨려서 내사 못 하겠다."

"아저씨, 동생이 찍고 있는 스마트폰이나 저 보고 얘기하시면 돼

요. 저희가 편집해서 쓸 거니까 긴장하지 마시고 그냥 편하게 얘기하세요."

지원이는 진짜 PD처럼 분명하게 말했다. TV 드라마에서 PD들이 하는 행동을 보고 또 봐서인지 이런 역할이 낯설지 않았다. 지켜보던 큰아버지도 지원이가 대견스러웠다.

"어이, 친구! 우리 조카 똑소리 나제? 니도 인터뷰 단디 해라. 알겠나? 니 때문에 내 체면 깎이면 국물도 없다."

"알았다. 참말로 니 조카 똑똑하네. 뭔 놈의 얼라가 이래 똑똑하노? 니 동생은 똑똑한 딸 있어서 좋겠다."

"자, 다시 시작합니다. 먼저 간단한 자기소개 부탁드립니다."

아저씨는 흠, 헛기침을 한 번 하고 자기소개를 시작했다.

"나는요. 경북 봉화에 사는 농부 김태수라고 합니다. 2016년에 귀농해서 지금은 유기농 돌가지도라지 농사짓고 있습니다. 한 500평 짓는데, 농약도 안 치고, 화학 비료도 하나도 안 쓰고, 내 땀과 정성으로 키우고 있습니다."

"아, 네. 환경과 건강을 생각하는 농부님이시네요. 그 도라지, 저희 엄마, 아빠께도 꼭 추천해야겠네요. 오늘 이 자리에 김태수 님을 모신 까닭은 지난겨울 김태수 님이 펼친 '기본소득 캠페인'에 대한 이야기를 듣기 위해서입니다. 그 이야기를 하기 앞서 '기본소득'이 뭔지 어린이 시청자들을 위해 쉽게 설명 부탁드립니다."

"기본소득이 뭐냐꼬? 그게 머, 참 좋은 건데, 머라꼬 설명해야 좋겠노? 다 제껴 놓고, 이거만 기억하면 된다."

지원이는 아저씨의 말에 귀를 쫑긋 세웠다.

"'모두의 것을 모두에게', 맞다. 땅도, 공기도, 물도 다 모두의 것 아이가? 그러이까네 모든 사람들한테 주인으로서 권리가 있다 그 말이다. 나라의 주인이 누구고? 국민 아이가? 주인인 국민들 모두에게 나라가 먹고살 수 있도록 따박따박 돈을 줘서 모두가 자유롭고 행복하게 살 수 있도록 맹글자는 것이 기본소득이다. 됐제?"

"네, 김태수 님이 생각하는 기본소득은, '국가가 주인인 국민이 먹고살 수 있도록 돈을 지급해서 국민을 자유롭고 행복하게 하는 것'이라고 말씀하셨습니다. 이렇게 정리하면 될까요?"

"맞다, 맞다. 바로 그거다. 여식아가 참말로 야물딱지네!"

"네, 고맙습니다. 그러면 계속 질문을 이어가 보겠습니다. 전국 방방곡곡을 돌며 기본소득 캠페인을 벌인 것으로 알고 있는데요? 그 이야기를 좀 들려주시죠?"

"2017년 12월 1일부터 2월 28일까지, 딱 3개월 동안 서울, 부산, 대구, 대전 같은 대도시는 빼고 전국 시군을 한 바꾸 다 돌면서 기본소득 캠페인을 벌였지. 내는 하우스 농사 안 짓거든. 그러이까네 겨울철이 농한기야. 농사를 쫌 쉬는 시기인 거지. 니들 방학이나 마찬가지로. 내한테 캠핑카가 있거든. 머, 좋은 거는 아이고, 그냥 트럭 개조해서 맹근 게야. 그거 타고 전국 방방곡곡을 싸다녔지."

"아, 그러셨군요. 제가 미리 알아본 바로는 2017년 12월 1일 전남 구례군에서 시작해, 2018년 2월 28일 경북 영주에서 캠페인을 마치셨어요. 그 기간 동안 총 45회에 걸쳐서 전남, 전북, 강원, 충남,

충북, 경남, 경북, 세종시 등 7개도 1자치시 81개 시군을 다니며 캠페인을 벌이셨습니다. 아쉽게도 제가 사는 경기도는 안 오셨네요. 특별히 이유가 있는지요?"

"경기도? 이유가 있긴 있제. 머 서울, 경기는 깨어 있다 아이가? 기본소득 준다꼬 이재명 지사가 많이 떠들었제. 마 박원순 시장도 기본소득 얘기 쪼매 했을걸? 그래서 수도권 사람들은 기본소득이 먼지 쪼매 알잖나? 그런데 시골은 하나도 모른데이. 그래서 내 일부러 촌동네만 돌아댕겠다. 알겠제?"

"네, 서울과 경기는 기본소득에 대해 아는 편이니 주로 시골 위주로 다니셨군요."

"근데 니는 왜 자꾸 내 말을 반복하는데? 내 말이 이상하나? 사투리가 심하나?"

아저씨가 지원이에게 던진 질문에 큰아버지가 재빨리 대답했다.

"치아라! 야가 뭐라노? 그라믄 니 사투리가 안 심하나? 우리 조카가 니 사투리가 너무 심하니 표준어로 딱 정리해 주잖아. 문딩아, 그것도 모르나?"

"저노마 자식. 머라 그랬노? 니는 내보다 낫나? 내 사투리 안 쓰고 표준말로 말할 수 있다. 내 지금부턴 표준말만 써 보게. 알겠나?"

지원이와 동생은 터져 나오는 웃음을 참느라 힘들었다. 두 분 다 사투리가 심하신데 아웅다웅하는 게 웃겼다. 어른들도 애들처럼 싸우는 것이 신기했다. 지원이는 얼른 웃음을 거두고 인터뷰를 이어 갔다.

"기본소득 캠페인 다니면서 힘든 일도 많으셨을 텐데요. 가장 어려운 일이 무엇이었나요?"

아저씨가 큰아버지를 한 번 흘겨보고는 입을 열었다.

"캠페인 첫날 구례에서였지. 유인물 들고 30분 넘게 길거리를 서성이기만 하고 한 사람한테도 말을 못 붙였어. 쑥스러웠거든. 그때 캠페인이 참 힘들구나 했지."

아저씨는 일부러 사투리를 쓰지 않고 표준어로 말하려고 천천히 말씀하셨다. 지원이는 보다 못해 끼어들었다.

"아저씨, 그냥 편하게 사투리로 말씀하셔도 돼요. 사투리가 더 정

감 있고, 현장 분위기도 생생해서 좋아요."

"그래? 나도 표준어 쓸라고 하이까네 너무 답답하네. 사투리 쓰는 게 죄도 아닝게 편하게 말할게. 심하면 니가 통역하면 되제. 그쟈? 아까 어디까지 했드라. 맞다, 맞다. 구례에서 간신히 끝내고 무안군으로 넘어갔제. 근데 거기서 어떤 할배가 다짜고짜 나보고 '빨갱이'라 하믄서 달려들드라. 그 할배 힘이 장사야! 겁이 확 나데. 내 별일 다 겪었다."

그때 당한 수모가 생각났는지 아저씨는 몸서리를 쳤다.

"경남 함양 갔을 때는 한파주의보가 내렸는데. 자고 인나 보이까네 캠핑카 안의 물까지 꽁꽁 얼어뿌랬드라. 어마야, 얼어 죽지 않은 게 다행이지. 전라도는 또 웬 눈이 그래 마이 오는지. 한번은 고갯길 넘어가다가 차가 미끄래져갔고 고생 직살나게 했다 아이가. 아주 그냥 설설 기어 다니느라 엄청 고생했던 일도 기억나네."

듣는 지원이도 그때의 아찔한 상황이 떠올라 함께 안타까워했다.

"아, 정말 고생 많으셨네요. 그럼 반대로 보람 있는 일은 없었나요?"

"인생이 그래. 동전의 양면이야. 고생한 만큼 보람도 컸데이. 전북 김제에서 만난 열혈 기본소득 지지자이신 어르신이 수고한다고 손 꼭 잡아주셨는데, 그 손이 어찌나 따뜻하고, 고마웠던지. 또《부안 독립신문》,《열린 순창》과 인터뷰도 진행해서 내가 신문에도 나왔다 아이가. 울산 '더불어 숲'에서는 기본소득 강연하믄서 강사로도 데뷔했고. 꽃지 해수욕장에서 아름다운 일몰도 봤구마. 아, 그 붉

은빛 노을을 지금도 잊을 수 없데이."

고생담을 늘어놓을 때와 달리 아저씨 얼굴에 평화가 가득 찼다.

"내가 언제 전국 방방곡곡 돌아보며 우리 산하의 아름다움을 보겠노. 이번 기회에 실컷 구경도 하고, 팔도 사람들 다 만나 보고 다녔제. 그게 다 보람이제. 아, 맞다, 맞다. 내가 이외수 소설가님 팬이거든. 이번에 직접 뵈었다 아이가. 그리고 왜 니들 아나? '영미, 영미, 영미' 그 컬링대표팀 '안경 선배' 김은정 선수의 아버님도 만났다."

"이노무 자슥, 기본소득 캠페인 하러 다닌 줄 알았더니만, 팔도강산 유람하고, 지 보고 싶은 사람들 보러 다녔구만."

옆에서 인터뷰를 지켜보고 계시던 큰아빠가 불쑥 끼어들었다. 그러자 아저씨가 지기 싫다는 듯 곧바로 맞받아쳤다.

"그라믄, 백날 기본소득 캠페인만 하고 댕길 수 있나? 떡 본 김에 제사 지낸다고 간 김에 보는 거제? 뭐 잘못되었나? 지원아, 안 글나?"

"네, 기본소득 캠페인 동안 틈틈이 강연도 하시고, 신문 인터뷰도 하시고, 유명인도 많이 만나셨군요. 끝으로 기본소득 캠페인의 성과와 소감 부탁드립니다."

"안동 가는 길에 어린이들도 잘 아는 《강아지똥》, 《몽실 언니》의 작가 권정생 선생님의 '동화나라'에 갔었제. 거기서 읽은 권정생 선생님 유언이 생각나네. 들어 봐라."

그러면서 스마트폰 메모장에 적혀 있는 글을 하나 읽어 주셨다.

"'제 예금통장 다 정리되면 나머지는 북쪽 굶주리는 아이들에게 보내 주세요. 제발 그만 싸우고, 그만 미워하고, 따뜻하게 통일이 되어 함께 살도록 해 주십시오. 중동, 아프리카, 그리고 티베트 아이들은 앞으로 어떻게 하지요. 기도 많이 해 주세요. 안녕히 계십시오'."

읽기를 마친 아저씨가 다시 지원이를 보며 이야기를 이어갔다.

"권정생 선생님 돌아가셨을 때 그 동네 할매들이 깜짝 놀랐다는 거 아이가. 병으로 고생하며 겨우겨우 하루를 살아가는 불쌍한 노인인 줄 알았는데 전국에서 수많은 조문객들이 몰려와서 펑펑 우는 것 보고 깜짝 놀란 거지. 게다가 연간 수천만 원 이상의 인세 수입이 있는 분이란 걸 알고 또 놀랬제. 그렇게 모인 10억 원이 넘는 재산과 앞으로 생길 인세 수입 모두를 굶주리는 북한 어린이들을 위해 써 달라고 했다니까 아주 혀를 내둘렀제."

처음 듣는 권정생 선생님 이야기에 지원이도 점점 빠져들었다.

"내 그 얘기 듣고 얼마나 감동받았는지 몰라. 그런데 말이다. 권정생 선생님도 훌륭하시지만 내는 기본소득이 더 훌륭하다고 생각한데이. 만약 기본소득이 실시되면 가난한 아이들이 눈치 안 보고 살아도 될 거 아이가?"

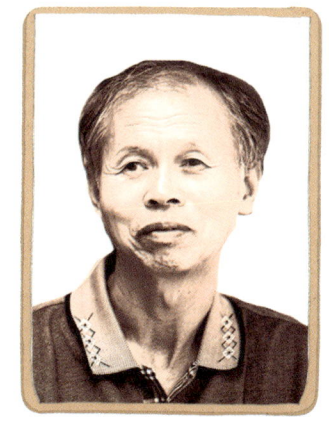

아저씨는 권정생 선생님 이야기를 자연스레 기본소득 이야기로 이어가

셨다.

"권정생 선생님처럼 어려운 아이들을 돕는 것도 중요하지만, 더 좋은 것은 우리 국민들 모두가 먹고살 수 있는 것이 권리로 보장받는 것이제. 그게 바로 기본소득인 거제."

그러고는 당부도 잊지 않았다.

"지원이 같은 똑똑한 학생들이 기본소득에 관심을 가지니까 우리나라도 금방 기본소득 실시될 거 같데이. 난 그냥 씨를 뿌린 거지. 어린이 여러분들이 그 씨에다가 물도 주고, 잘 키워주믄 기본소득 열매가 주렁주렁 열릴 거라. 기본소득 나무 잘 키워줄 거제?"

"그럼요. 저도 《강아지똥》을 읽었는데, 권정생 작가님에게 그런 감동적인 이야기가 있는 줄은 몰랐네요. 덕분에 기본소득도 알게 되고, 권정생 작가님에 대해서도 알게 된 유익한 시간이었습니다. 지금까지 경북 봉화에서 안지원이었습니다. 고맙습니다."

마지막 멘트까지 지원이는 또박또박 마쳤다. 다들 힘찬 박수로 지원이를 격려했다. 지원이는 뭔가를 이룬 듯한 기분에 가슴이 벅찼다. 인터뷰에 응해준 김태수 아저씨와 주선해 주신 큰아버지께 꾸벅하고 감사의 인사를 드렸다.

기본소득과 기본정치

　추석이 끝나고 며칠 후 도덕 시간. '우리 사회를 위해 애쓰는 사람들'이라는 단원을 공부할 때였다. 지원이가 유튜브에 올린 경북 봉화에서 찍어온 인터뷰 영상을 교실에서 함께 보았다. 아이들은 김태수 아저씨의 사투리를 알아듣기 힘들어 했다. 다행히 지원이가 자막을 넣어 두어서 이야기의 내용을 이해할 수 있었다.

　털보 쌤이 소감을 발표하라고 하자 아이들은 자유롭게 이야기를 쏟아 냈다.

　"그 아저씨 캠핑카 구경해 보고 싶어요!"

　민환이는 캠핑카 타령을 했다.

　"전국 방방곡곡을 여행하면 재미있을 것 같아요."

　가을이는 여행을 부러워했다.

　"기본소득이 뭐라고 그렇게 추운 겨울에 생고생하며 돌아다니시는지 잘 이해가 안 돼요."

민재는 부정적으로 평가했다.

재명이도 한마디 보탰다.

"다음번에는 꼭 우리 동네도 오시면 좋겠어요. 그러면 기본소득 캠페인을 함께하고 싶어요. 기본소득을 위해 그렇게 애쓰시는 분들이 계시다니 참 존경스러워요."

그러면서 진지하게 말을 이어갔다.

"아저씨 말씀대로 뿌린 씨앗을 우리가 잘 키워 갔으면 좋겠어요. 그리고 무엇보다 멋진 인터뷰 만들어온 안지원 PD 짱입니다, 짱!"

그러자 아이들이 야유와 환호를 동시에 보냈다.

"워우우우, 재명이 너무 지원이 좋아하는 것 아냐? 뚜 뚜루 뚜뚜 뚜루 뚜 뚜!"

평소 감정을 전혀 드러내지 않던 지원이의 얼굴이 환해졌다. 지원이는 재명이가 '안지원 PD 짱'이라고 칭찬을 해 준 것이 기분 좋았다.

지원이 발표가 끝나자 털보 쌤이 설명을 이어 갔다. 봉사 활동하는 분들, 자기 신념을 실현하기 위해 각종 시민사회 단체에서 자원 활동하는 분들 등 다양한 사례를 소개했다.

특히 재명이의 흥미를 끈 것은 기본소득 실현을 위해 애쓰는 단체로, '기본소득 한국 네트워크'가 있다는 사실이었다. 얼마 전에 기본소득당이라는 정당이 만들어졌다는 소식도 놀라웠다. 기본소득당 당대표가 이십대 여성 청년이고, 당원들도 대부분 이삼십대라는 사실이 무척 신기하기도 했다.

　재명이는 대통령과 국회의원은 나이 많은 사람들만 하는 줄 알고 있었다. 그래서 형, 누나처럼 재명이와 나이 차이가 많이 나지 않는 사람들이 정치를 한다는 게 새롭게 보였다.
　'혹시 나 같은 초등학생은 국회의원 하면 안 되나?'
　엉뚱한 발상이지만 재명이는 초등학생도 정치를 할 수 있는 나라가 되면 좋겠다고 생각했다. 정부가 청년들의 목소리를 잘 듣지 않는 것이 청년들이 정치에 나서는 이유라는 지원이의 설명에 그런 생각이 들었다. 재명이는 우리 어린이들의 목소리는 누가 전해 주나 하는 의문을 지울 수 없었다.
　사실 재명이는 어린이와 직접 관련된 학원, 학교, 숙제 같은 문제만이라도 제발 어린이들 말을 직접 듣고 결정했으면 좋겠다고 늘 생각해 왔다. 그 결정을 왜 어른들 마음대로 다 하는지 불만이었다. 재명이는 어쩌면 기본소득뿐만 아니라 '기본정치'도 필요하지 않나 싶었다.

'어리다고 깔보는 거야. 우리 어린이들도 얼마든지 나라의 중요한 일, 특히 어린이와 관계되는 일에 대해서는 판단할 수 있는데.'

이런 생각을 발표하고 싶었지만, 다른 친구들과 선생님이 어떻게 생각할지 몰라 그냥 입을 다물고 있었다.

도전! '세계 어린이 기본소득 대회'

대한민국 기본소득 박람회 일정이 나왔다. 재명이는 서둘러 '세계 어린이 기본소득 대회 한국 대표 선발 요강'을 확인했다. 그리고 반 친구들에게 그 사실을 알렸다.

"얘들아, 내가 요강 가져왔는데, 한번 볼래? 나랑 같이 팀을 짜서 나갈 사람?"

그때 민재가 얼굴을 찌푸리면서 말했다.

"뭐 요강을 갖고 같이 나가자고? 더럽게!"

재명이는 민재의 말에 고개를 갸우뚱했다.

"민재야, 요강이 더럽다니 무슨 말이야?"

그러자 민재는 황당하다는 표정이었다.

"재명이 너, 요강이 뭔지 몰라? 우리 할머니 편찮으셔서 화장실 가기 힘드시단 말이야. 그래서 방에서 요강에다가 볼일 보셔. 가끔 내가 요강 비우는데, 웩! 정말 토 나온다고."

그러면서 정말 토할 것처럼 입을 막고는 이야기를 이어 갔다.

"그런데 네가 기본소득 어쩌고 하면서 뜬금없이 요강을 갖고 왔다니까 하는 소리지."

둘의 대화를 듣고 있던 예주는 금세 상황 파악이 되었다.

"야, 민재 너 정말. 어이구, 재명이가 말한 '대회 요강'은 '어떤 일이나 내용의 중심이 되는 중요 사항'을 말하는 '요강'이잖아. 네가 말한 '요강'은 '오줌을 누는 그릇'이고. 동음이의어. 소리는 같지만 뜻은 다른 말."

예주의 설명에 민재는 계면쩍은 표정으로 투덜거렸다.

"그러면 '중요 사항'이라고 말할 것이지, 왜 더럽고, 헷갈리게 '요강'이라고 한 거야? 쳇."

한바탕 요강 소동이 일단락되자 지원이가 손을 번쩍 들고 말했.

"난 찬성이야."

지원이가 함께하겠다는 말에 재명이는 기분이 좋았다.

예주는 얼마 후 한국사 인증 시험을 봐야 해서 어렵다고 했다. 민재도 엄마가 얼마 전 영어 학원을 '매일 반'으로 바꾸어 시간이 없다고 투덜거렸다.

철희는 잠시 고민하는 눈치였다. 철희는 할아버지 생각이 나서 망설여졌다. 기본소득 원칙에 대해 준비할 때 할아버지께서 이런 말씀을 하시며 화를 냈기 때문이다.

"그거 다 우리 같은 부자 돈 털어가려는 수작이야. 그런 잘못된 일에 신경 쓰지 말고 공부나 열심히 해라. 요즘 가뜩이나 부유세니 뭐니 해서 세금 뜯어갈 생각만 하던데, 너 같은 초등학생들한테까지 그런 교육을 시키다니, 나라가 걱정이다, 걱정이야."

지원이가 망설이는 철희를 보고 한마디 했다.

"철희, 넌 할 거야? 말 거야? 왜 말을 안 해?"

재명이는 철희가 썩 마음에 들지 않았지만, 그래도 철희가 같이 해 주었으면 싶었다. 철희만큼 재미있게 설명을 잘하는 친구가 없으니, 대표로 뽑히기 위해서는 철희가 꼭 필요

했다.

"음, 원래 스타는 함부로 거취를 결정하지 않는 법인데, 뭐, 너희들이 이 철희님과 꼭 하기를 원한다면 기꺼이 내 한 몸 희생할게. 나는 착한 철희님 아니겠어?"

철희는 할아버지가 마음에 걸렸지만, 대회에 참가하는 것이 재미있을 것 같았다.

"잘 생각했어, 착한 철희님."

재명이는 철희의 결정을 반겼다. 셋은 곧 회의에 들어갔다.

우선 철희가 전체적인 진행을 맡기로 했다. 재명이는 해남 농민 기본소득과 태안 어촌 마을연금 발표를 맡았다. 지원이는 김태수 아저씨 인터뷰를 비롯한 동영상을 제작하기로 했다.

철희의 유쾌한 농담과 지원이의 꼼꼼한 진행 그리고 재명이의 성실한 자료 준비가 잘 어우러졌다. 셋은 몇 주 동안 나름 탄탄하게 준비를 했다. 셋의 마음속에는 그 노력이 헛되지 않을 거라는 기대가 피어났다.

대회를 앞둔 마지막 주말, 실제처럼 리허설을 해보기로 했다. 마침 철희 부모님이 할아버지와 함께 출장 중이어서 집이 빈다고 했다. 그래서 철희네 집에 모여서 연습하기로 했다.

철희 할아버지가
기본소득을 반대하는 이유

철희네 집은 고급 주택가에 있었다. 담쟁이덩굴로 뒤덮인 붉은 벽돌 담장이 3m도 넘어 마치 유럽의 성처럼 느껴졌다. 입구에는 통제 센터도 있었다. 그곳에서 제복을 차려입은 젊은 관리 요원이 재명이와 지원이를 막아섰다. 둘은 괜히 주눅이 들었다.

"못 보던 아이들인데, 무슨 일이니? 여기는 아무나 함부로 들어갈 수 없는데."

"저희는 철희 친구인데요. 오늘 모둠 활동을 철희네서 하기로 해서 왔는데요."

지원이가 용기를 내어 또박또박 말했다.

"철희? 아, '신자유 푸드' 회장님 댁 손자 친구들이구나. 잠깐 확인해 볼게."

관리 요원은 아이들에게 출입 확인서에 이름과 연락처를 적으라고 했다.

인터폰으로 통화를 마친 관리 요원은 들어가도 좋다고 했다. 그러면서 세 번째 건물을 가리키며, 그 집으로 가면 된다고 알려줬다.

철희네가 부자라는 것은 들어서 알고 있었지만 이렇게 으리으리한 집에 사는 줄은 몰랐다.

다시 큰 대문 앞에 섰다. 벨을 누르자, 자동문이 덜컥 열렸다. 넓은 정원이 나왔다. 잔디가 잘 다듬어져 있고, 작은 연못도 있었다. 큰 개가 낯선 손님들에게 시끄럽게 짖어대면서 달려들었다. 아이들은 개가 무서워서 그만 뒷걸음질 쳤다. 개는 묶여 있어서 아이들 가까이 올 수는 없었지만 맹렬히 짖어대니 아이들은 오도 가도 할 수 없었다. 그때 집 문이 열리면서 철희와 아주머니가 함께 나왔다.

"야, 불독! 조용히 안 해? 얘들아, 어서 와. 웰컴 투 마이 하우스!"

철희가 반갑게 친구들을 맞아 주었다. 그 사이 아주머니는 개 줄을 더 줄여서 아이들에게 달려가지 못하게 잡아 주었다. 아이들은 아주머니에게 고개 숙여 인사했다.

"철희 어머니, 고맙습니다. 저희는 철희 친구들이에요."

그러자 아주머니는 당황스러운 표정이었다. 철희가 얼른 나섰다.

"얘들아, 저 아주머니는 가정 관리사야. 우리 엄마가 아니야."

아이들은 '가정 관리사'라는 말이 낯설었다. 그걸 눈치 챈 철희가 보충 설명을 했다.

"가정 관리사 몰라? 우리 집안일 도와주시는 분. 그래! 가사 도우

미.《몽실 언니》책에서 몽실이가 했던 그 식모 말이야."

재명이는 맞벌이 하느라, 집안일 하느라 늘 분주한 엄마, 아빠를 생각하니 가정 관리사가 있는 철희네가 무척 부러웠다. 하지만 부럽다는 내색은 하지 않았다.

철희네 집은 3층집이었다. 옆집으로도 문이 나 있었는데, 할아버지가 바로 이웃해서 산다고 했다. 철희 방 하나가 재명이네 거실보다 넓었다. 게임과 영상을 즐길 수 있는 방이 지하에 따로 있었다. 얼마 전 새로 산 키네틱샌드도 보였다. 지원이는 무엇보다도 빼곡하게 책이 꽂힌 서재가 참 부러웠다.

셋은 따로 마련되어 있는 스터디룸에서 실제처럼 연습을 시작했다. 역시 철희는 재미있게, 능청스럽게 진행을 잘했다. 재명이는 버벅거려서 자꾸만 지적을 받았다. 지원이는 또다시 PD처럼 전체 프로그램을 조율하면서 매서운 지적을 쏟아냈다.

"재명아, 시선은 앞을 봐야지. 청중들과 눈맞춤을 하란 말이야."

재명이는 지원이 앞에서 멋지게 잘하고 싶었는데, 지원이에게 지적을 당하니 쥐구멍에라도 숨고 싶은 심정이었다.

그때 밖에서 두런두런 말소리가 들렸다.

"아빠, 엄마 오셨나 보다."

철희는 말을 마치자마자 방 밖으로 뛰어나갔다. 아이들도 인사를 드리기 위해 방을 나갔다.

명품으로 쫙 빼입은 철희 아빠, 엄마가 계셨다. 아이들은 연예인을 보는 것 같아 감탄사가 절로 튀어나왔다. 철희 부모님 뒤에는 꼬

장꼬장하게 생긴 할아버지 한 분이 함께 계셨다. 철희가 소개를 시키기도 전에 재명이와 지원이는 한목소리로 허리를 굽혀 인사했다.

"안녕하세요? 저희는 철희와 같은 반 친구예요."

"어, 그래. 철희 친구들이구나? 환영해."

철희 엄마가 웃는 얼굴로 아이들 인사를 받았다. 그러고는 가정 관리사 아주머니를 보며 말했다.

"미세스 킴, 아이들 간식 좀 챙겨 주었나요?"

"아, 예. 그렇지 않아도 지금 준비 중입니다."

철희 할아버지도 아이들에게 관심을 보였다.

"넌 이름이 뭐니?"

갑작스러운 질문에 재명이가 우물쭈물하며 간신히 대답했다.

"이재명이에요."

"뭐? 이재명? 그 경기도 지사하고 하필 이름이 똑같네? 재난 기본소득이니, 청년 기본소득이니 하면서 귀한 세금 펑펑 쓰는 그 사람. 난 그 사람 참 못마땅해."

철희 할아버지 말씀에 재명이는 얼굴이 벌게졌다.

"저와 이재명 지사는 한자가 완전히 달라요. 이 지사는 '있을 재在', '밝을 명明'을 쓰지만, 저는 '재주 재才', '이름 명名'을 써요. '뛰어난 재주로 이름을 널리 떨치다'라는 뜻이라고 아빠가 알려 주셨어요."

"그래. 그나마 한자가 다르다니 다행이구나. 그나저나 너희들 뭘 하고 있었니?"

철희가 황급히 "쉿" 하며 입가에 검지를 대었다. 그러나 미처 그걸 못 본 지원이가 대답하기 시작했다.

"저희는 대한민국 기본소득 박람회에서 발표할 자료를 준비하고 있었어요. 철희가 전체 진행을 맡고 있어요."

"뭐? 기본소득?"

할아버지가 이맛살을 찌푸렸다. 철희는 안절부절못했다. 부모님이 이렇게 일찍 출장에서 돌아올지 몰랐다. 게다가 할아버지까지 함께 오실 줄이야! 철희는 이 사태를 어떻게 수습해야 하나 막막했다.

"철희야, 지난번에 할아버지가 말했을 텐데? 근데 대회에 나가 발표까지 한다고? 애비, 에미는 대체 뭘 하고 있었던 게야? 애가 엉뚱한 짓하고 다니면 단속을 해야지!"

철희 엄마, 아빠는 할아버지의 노기 띤 음성에 혼비백산이 되었다.

"기본소득 그게 뭐냐? 부자들 재산 몽땅 빼앗겠다는 도둑놈 심보 아니냐? 그러면 누가 우리나라에서 사업을 하려고 하겠냐? 지금도 걸핏하면 노조 파업이다 뭐다 해서 골치 아픈데. 게다가 주 52시간 이니 최저임금 인상이니 해서 나라 경제가 망할 지경이야!"

재명이가 용기를 내어 조심스레 말을 꺼냈다.

"그런데 할아버지! 미국의 큰 부자이자 전기 자동차 테슬라 CEO 인 일론 머스크는 기본소득을 지지해요. 세계 제일의 부자 빌 게이 츠랑 미국의 많은 부자들은 세금을 더 많이 내야 한다고 주장했고 요. 할아버지는 이것에 대해서는 어떻게 생각하세요?"

철희 할아버지는 재명이의 말에 움찔했다.

"아, 그건 미국 사람들 얘기고. 미국 이랑 우리나라랑 같아? 어디 문제 가 그뿐이냐? 기본소득 받아서 베짱이처럼 놀기만 하면 누가 열심히 일하겠냐? 가난한 사 람이나, 장애인처럼 진짜 도움 이 필요한 사람만 도와주면 되 는 거야. 사지 멀쩡한 사람들이 일해서 먹고살 생각을 해야지, 공 짜로 나라에서 돈을 받아 놀고 먹겠

다니. 그러면 나라 망한다. 우리가 피땀 흘려 발전시킨 나라인데, 망하면 되겠니?"

철희 할아버지는 목에 핏대를 세워가며 계속 이야기했다.

"초등학생들이 '공부를 열심히 해서 우리나라를 부자 나라로 만들겠습니다' 해도 글로벌 경쟁에서 살아남을까 말까 한데, 벌써 기본소득 타령이나 하고 있으니……."

안절부절못하며 듣고 있던 철희 엄마가 조심스레 나섰다.

"아버님, 심려 끼쳐 드려 죄송합니다. 저희가 잘 타이르겠습니다."

재명이는 뭔가 더 이야기하고 싶었지만 철희 엄마가 눈짓으로 조용히 하라는 바람에 입을 닫았다.

가정 관리사가 얼마 후 두리안, 망고 등 비싼 열대 과일을 접시에 담아 내왔다. 그리고 스위스산 치즈를 사용한 초콜릿 퐁듀, 이탈리아 아이스크림 젤라토도 가져다주었다. 생수는 프랑스산 에비앙이었다. 아이들은 눈이 휘둥그레졌지만 철희 할아버지 말씀 때문인지 먹는 둥 마는 둥 하고 서둘러 철희네를 나왔다.

철희는 자기가 할아버지를 설득해 보겠다고 걱정하지 말라고 했지만, 아이들은 과연 철희가 함께할 수 있을지 확신이 서지 않았다.

친구들이 돌아간 뒤 철희는 곧장 부모님 앞으로 달려갔다.

"엄마, 내가 발표를 맡았단 말이에요. 지금 내가 빠져 버리면 우리 모둠이 완전히 깨져요. 거기서 대표로 뽑히면 알래스카 오로라도 공짜로 보러 갈 수 있어요. 제발 허락해 주세요!"

평소 철희 말은 다 들어주는 엄마, 아빠였다. 그러나 이번에는 달랐다. 엄마가 말했다.

"철희야, 할아버지가 저렇게 싫어하시는데, 네가 이번에는 참아. 알래스카 오로라는 다음번에 휴가 때 가자. 우리가 돈이 없는 것도 아니고, 공짜가 뭐가 중요하니?"

아빠도 나섰다.

"그래, 철희야. 엄마와 아빠가 결정할 수 있는 일이면 철희 말을 들어주겠는데, 할아버지가 저렇게 싫어하시잖아. 엄마, 아빠도 할아버지 회사에서 일하고 있고 또 장차 할아버지 회사 물려받아야 하는데, 할아버지 눈 밖에 나는 일을 할 수는 없어. 그건 너도 마찬가지고."

"그러면, 전 앞으로 친구들을 어떻게 봐요?"

"철희야, 그건 걱정 마. 친구들도 알래스카 오로라 여행 같이 보내주면 되잖아. 아니다. 이번 기회에 너, 학교 전학 가자. 어차피 학년 바뀌면 사립학교로 전학 가려고 했었는데, 그냥 이번 기회에 실행에 옮기자. 철희야, 어떠니?"

엄마가 철희를 설득하려 노력했지만, 철희는 친구들과 헤어지기 싫었다.

철희는 끝내 엄마, 아빠의 허락을 받지 못했다. 할아버지의 반대로 함께하지 못하게 되었다. 철희는 무척 아쉬워하고, 미안해 했다. 재명이와 지원이도 아쉬워했다. 하지만 아쉬워하고 있을 틈이 없었다. 재미있게 프레젠테이션을 할 철희가 빠진 자리를 서둘러 메워야 했기 때문이다. 재명이가 메우기에는 어림도 없었다.

결국 재명이와 지원이는 처음에 세웠던 계획을 싹 바꿔야 했다.

알래스카 오로라와 기본소득

　마침내 대회 날이 찾아왔다. '대한민국 기본소득 박람회'장은 사람들로 인산인해를 이루었다. 2019년 제1회 대회 때도 1박 2일 동안 3만 명 이상 되는 시민들이 다녀갔다는데, 올해는 그 열기가 더 뜨거운 것 같았다. 전국 각지에서 '기본소득'에 관심 있는 사람들이 모여들었다.

　기본소득 주제 체험관에서는 세계의 기본소득, 우리나라 각 지역의 기본소득 사례 등에 대해 설명하는 행사가 있었다.

　그 외에 기본소득 관련 카툰, 포스터 및 동영상을 통해 다양한 방식으로 기본소득을 공부할 수 있었다.

　기본소득 학자들이 모여 학술 세미나를 여는 행사에는 세계 여러 나라의 학자들이 각 나라 기본소득 상황에 대해 발표했다.

　행사장을 한 바퀴 돌아보는 데도 한참이나 걸렸다. 그러나 재명

이와 지원이는 '세계 어린이 기본소득 대회' 한국 대표 선발전을 앞두고 있는지라 사실 다양한 볼거리가 눈에 잘 들어오지 않았다. 머릿속에는 온통 발표 생각뿐이었다.

드디어 대회가 시작되었다. 지원이, 재명이 모두 입술이 바짝바짝 말랐다. 그렇다고 물을 마음껏 마실 수도 없었다. 괜히 발표 중에 소변이라도 마려우면 큰일이기 때문이었다. 재명이는 엄마가 아침에 챙겨 준 우황청심환도 반 알 먹었지만 별 효과가 없는지 쿵쾅거리는 마음을 진정시킬 수가 없었다.

아이들은 객석을 자꾸 힐끗힐끗 쳐다보며 걱정스러운 표정을 지었다. 아직 와야 할 분들이 도착을 하지 않은 탓이다. 시작 시간은 점점 다가오는데, 핸드폰 연락도 안 되니 답답하기만 했다. 머릿속이 하얗게 비어 버려 발표 내용이 하나도 기억나지 않을 정도였다.

발표 에이스 철희가 급작스럽게 빠지게 되어 어렵게 계획을 변경해 다시 발표 준비를 한 아이들이었다. 그런데 이 계획마저 망가져 버린다면 어쩌나 싶어 아이들은 조바심이 났다. 솔직히 다 포기하고 싶은 심정이었다.

그나마 다행인 점은 재명이네 팀이 마지막 순서라는 점이다. 약속한 사람들이 다소 늦더라도 시간 여유가 있었다. 이것도 기회라면 기회였다. 하지만 다행이라고 생각했던 그 기회마저 대회가 시작되자마자 산산조각 나 버렸다.

첫 팀은 '좀비'라는 제목을 들고 나왔다. '좀비'와 기본소득이 무슨 상관인지 고개를 갸우뚱할 새도 없이, 대회장 불이 꺼지면서 음산한 음악이 흘러나왔다. 어두워진 대회장에 다시 조명이 들어오기 시작하면서 객석 여기저기에 좀비가 출현했다. 피를 흘리며 비틀비틀거리는 좀비들이 객석을 통해 무대 위로 올라왔다. 사람들은 깜짝 놀라 소리를 질렀고, 몇몇 아이들은 무서워서 울기까지 했다.

그때 무대 위 화면에 영상이 나왔다.

"4차 산업혁명 시대 로봇과 AI가 일자리를 지배하고, 더 이상 인간들은 산업 현장에 필요 없게 되었다. 결국 쓸모없는 존재가 되어 버린 인간들은 좀비가 되어 서로를 물어뜯는데……."

모인 사람들의 공포가 극대화되었을 무렵 갑자기 분위기가 바뀌었다.

좀! 좀! 좀!
비! 비! 비!

하늘에서 비가 내리는 화면으로 바뀌었다. 그런데 그 비는 비BI: Basic Income, 기본소득였다.

좀! 하고 바랐던 비Basic Income가 내리자 좀비들은 활력이 넘치는 사람들로 바뀌었다. 사람들은 예술 활동을 하고, 서로를 돕고, 자기가 하고 싶은 일을 찾아 하며 기뻐했다.

마지막 장면에 질문 하나가 나왔다.

"4차 산업혁명 시대 좀비로 전락하시렵니까?"

이어서 그에 대한 답이 화면에 떴다.

"좀 비Basic Income, 기본소득를 주면 좀비를 막을 수 있습니다."

큰 박수가 쏟아졌다. 재명이네 팀에서도 그 몰입감에 저절로 탄성과 박수가 터져 나왔다. 그런데 정신을 차려 보니 그 팀은 경쟁 팀이었다. 자신들이 준비한 것에 비하면 정말 엄청난 실력이었다. 알래스카 오로라가 점점 멀어져 가는 듯했다.

아직도 객석에는 아이들이 찾는 사람이 보이지 않았다. 아이들 얼굴에는 깊은 걱정이 내려앉았다.

두 번째 팀의 순서였다. 그 팀이 등장할 때 귀에 익은 흥겨운 음악이 흘러나왔다.

"요리 보고 저리 봐도(음음) / 알 수 없는 둘리 둘리 / 빙하 타고 내려와 / 친구를 만났지만……."

만화영화 〈아기 공룡 둘리〉의 주제가였다. 노래와 함께 귀여운 아기 공룡 둘리 복장을 한 모둠이 나와 흥겹게 춤을 추었다. 관중석에서도 노래에 맞춰 박수를 치며 노래를 따라 불렀다. 분위기는 자연스럽게 고조되었다.

두 번째 팀은 경남 고성에서 올라온 팀이었다. 고성은 공룡발자국 화석으로 유명해서 공룡박물관도 있다고 자신들을 소개했다. 그러면서 경남 고성군에서 추진 중인 전국 최초 청소년 기본소득에 대해 소개했다.

고성군은 관내 중학생(13~15세)에게 5만 원, 고등학생(16~18세)에게 7만 원의 청소년 기본소득을 지급한다는 계획을 세웠다고 했다.

지원이는 자신과 같은 초등학생이 빠진 점이 아쉬웠다. 그래도 청소년 기본소득이 실시되면 참 좋겠다는 생각이 들었다. 경기도에서도 실시되면 좋겠다는 생각에 고성군의 계획에 더 관심이 갔다.

그런데 반전이 있었다. 고성군에 돈이 없다는 이유로 의회에서 다수 군의원들이 반대해 결국 좌절되었다는 것이다. 발표자가 아쉬움을 이야기할 때 대회장에 모인 사람들 모두 함께 안타까워했다.

아쉬움을 지운 발표자는 그동안 자신들이 벌인 청소년 기본소득 거리 캠페인, 그리고 지지서명을 받기 위해 둘리 복장으로 노력한 일, 또 군의원들에게 편지 쓰기를 한 일 등 다양한 노력을 소개했다.

앞으로 꼭 청소년 기본소득을 실현할 수 있도록 자신들을 응원해 달라며 캠페인 송도 들려주었다.

"요리 보고 저리 봐도(음음) / 꼭 필요한 기본소득 / 빙하 타고 내려와 지구에 살았지만 / 1억 년 전 옛날이 너무나 그리워 / 모두가 함께 돕던 세상으로 빽하자……."

화면 가득한 자막에 맞춰 그 자리에 모인 사람들 모두 기본소득이 실현되기를 바라는 간절함으로 떼창을 했다. 그 모습에 감격해서 공룡 둘리 몇몇은 울음을 터뜨리기도 했다. 지원이도, 재명이도 그 모습을 보며 울컥했다.

그러나 점점 그렇게 재명이 팀의 순서가 다가왔다. 그럴수록 압박감이 커져 갔다.

세 번째 팀은 경기도 청년 기본소득이 실시된 다음 청년들의 생활이 어떻게 바뀌었는지를 인터뷰를 통해 알아본 영상을 상영했다. 지원이는 몇 개의 인터뷰가 특히 인상 깊었다. 그중에서도 가장 인상적이었던 것은 어느 대학생 오빠의 인터뷰였다. 그 오빠는 용돈을 벌기 위해 피시방 야간 아르바이트를 해야 해서 잠자는 시간이 부족했다. 그 바람에 수업 시간에 자꾸 졸다 보니 학점이 좋지 않아 번번이 장학금을 놓쳤다. 그런데 청년 기본소득을 받을 때는 아르바이트

를 그만두고 공부에 집중해서 장학금을 받을 수 있었다고 기뻐했다.

지원이는 장학금이 필요한 것은 가난한 학생들인데, 정작 그 학생들은 아르바이트 하느라 공부할 시간이 없고, 그 바람에 장학금도 못 받는다는 뼈아픈 현실 지적에 공감이 갔다. 그래서 기본소득이 꼭 필요하다는 생각을 한층 굳게 갖게 되었다.

다음으로 또 인상적이었던 인터뷰의 주인공은 편의점 아르바이트를 하는 언니였다. 언니는 맨날 유통기한 지난 도시락으로 끼니를 때우거나 1,000원짜리 커피만 마셨는데, 청년 기본소득을 받으니 그 돈으로 제대로 된 식사를 할 수 있어서 좋았다고 했다. 그 말에 지원이는 눈물이 왈칵 쏟아질 뻔

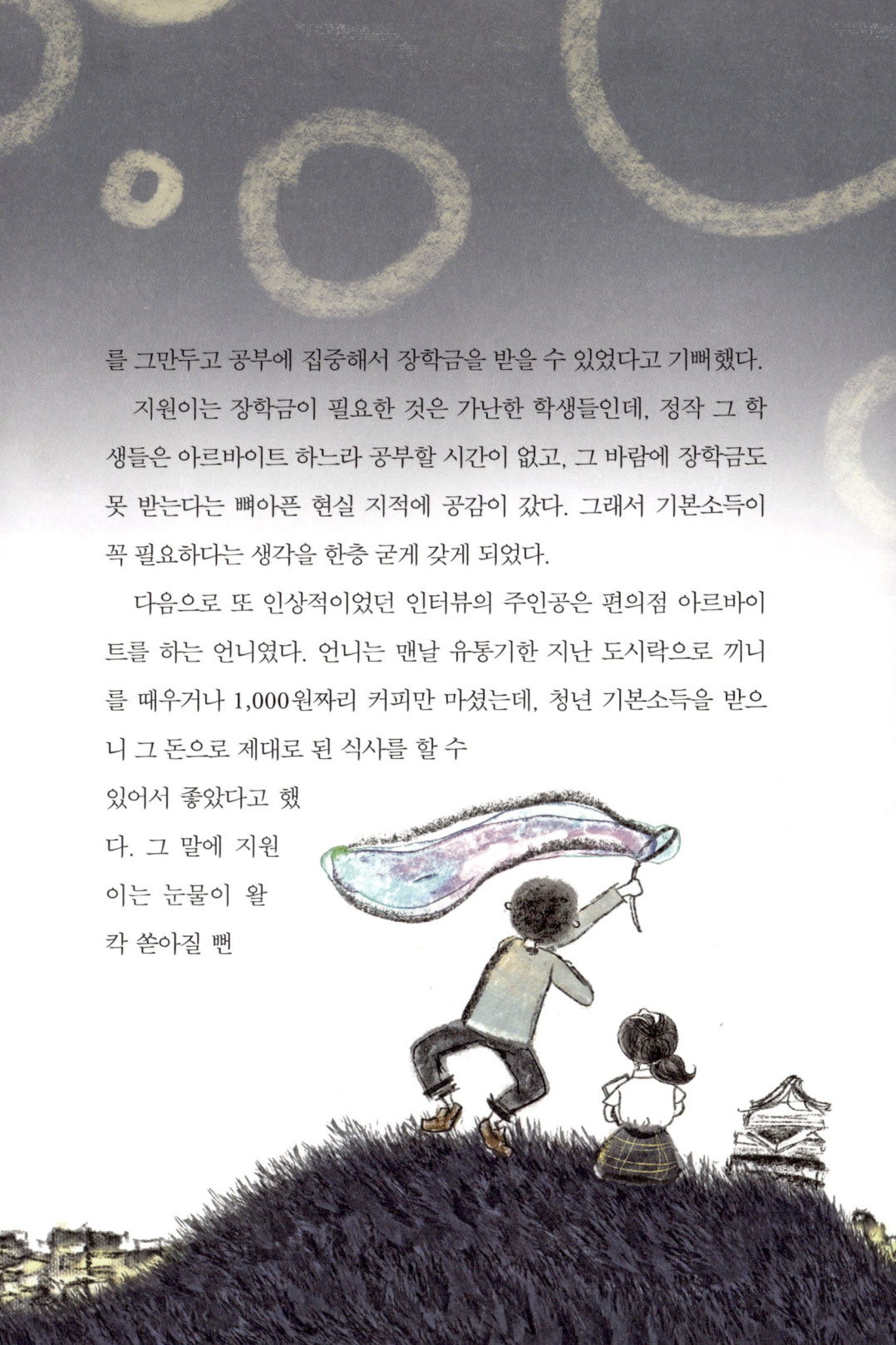

했다.

한 헬스 트레이너 오빠는 계속 자기 계발을 위해 학원 수강을 해야 하는데, 청년 기본소득이 큰 도움이 되었다고 말했다.

어느 언니, 오빠 커플은 아르바이트 하느라 바쁘고 돈도 없어서 주로 공원 데이트만 했는데, 청년 기본소득을 모아 그 돈으로 함께 제대로 된 여행을 꿈꿀 수 있게 되었다고 했다. 그리고 '꿈'을 갖게 되었다며 활짝 웃었다.

팀마다 다 나름의 스토리를 가지고 재미있게 발표를 했다. 이제 마지막 팀인 재명이네만 남았다. 그러나 아직도 빈자리가 눈에 들어왔다. 어쩔 수 없는 상황이었다. 아이들은 마음을 비웠다. 재명이는 점점 사라져 가는 알래스카 오로라가 아쉬웠지만, 그래도 준비하는 동안 지원이와 친해진 점, 기본소득에 대해 많이 알게 된 점을 위안 삼기로 했다.

재명이가 지원이에게 말했다.

"고마워, 지원아. 알래스카 오로라를 보려는 내 꿈을 이루어 주려고 한 팀이 되어준 것, 최선을 다해준 것 잊지 않을게."

지원이도 다정한 목소리로 말했다.

"나도 고마워. 재명이 너는 알래스카 오로라가 목표였는지 모르겠지만, 난 내 꿈인 PD를 조금이나마 맛본 것에 만족해. 이 대회를 준비하면서 정말 많은 것을 배웠어. 비록 철희도 없고, 또 우리가 준비한 것도 제대로 할 수 없는 상황이 되어 버렸지만, 그래도 끝까지

최선을 다하자. 그렇게 해 줄 거지?"

지원이가 손을 내밀었다. 재명이는 떨리는 마음으로 지원이 손을 처음 잡았다. 손이 참 부드럽고, 따뜻했다. 이 순간이 영원히 계속되었으면 좋겠다고 생각했다.

그때 대기실로 철희가 헐레벌떡 뛰어 들어왔다.

"어어, 이것들 봐라. 나 없다고 둘이 지금 데이트하는 거야?"

갑작스러운 철희의 등장에 아이들은 화들짝 놀라 잡고 있던 손을 놓았다.

"철희 너, 어떻게 된 거야?"

재명이는 반가운 마음에 소리쳤다.

"설명은 나중에 할게. 어서 무대로 올라갈 준비해. 곧 우리 차례야."

철희는 재명이와 지원이를 재촉했다. 방금 발표를 마친 다른 팀이 무대를 내려오고 있었다.

무대에 오른 휴먼 북

 떨리는 발걸음으로 재명이와 지원이는 무대 위로 올라섰다. 쏟아지는 조명 때문에 앞이 잘 보이지 않았다. 마치 온 세상이 정지한 것만 같은 느낌이었다. 사람들의 말소리도 하나도 안 들렸다. 우황청심환은 효력이 하나도 없는지 방망이질 치는 심장은 진정이 되지 않았다. 벌벌 떠는 재명이를 보고 평소 침착했던 지원이마저 긴장해서 입을 떼지 못했다. 사람들은 웅성거리기 시작했다. 둘은 그냥 모든 것을 포기하고 싶었다.
 그때 철희가 쏜살같이 무대 위로 올라왔다. 철희는 아이들에게 윙크를 날린 뒤 마이크를 잡았다.
 "아, 아, 여러분, 저희가 시작을 안 해서 깜짝 놀라셨지요? 그런데 지금부터 저희가 발표할 내용은 여러분들을 더욱 깜짝 놀라게 만들 것입니다. 하하하!"
 천연덕스러운 철희의 멘트에 관객들은 긴가민가하는 마음으로 철희의 다음 멘트를 기다렸다.

"전, 기본소득이 처음에는 받으면 기분 좋아지는 소득이어서 '기분소득'인 줄 알았답니다."

그러자 여기저기서 웃음이 터져 나왔다.

"자, 그러면 저희가 준비한 기분 좋은 기본소득의 세계로 함께 출발해 보실까요?"

철희의 등장 덕분에 용기를 얻은 재명이가 이야기보따리를 풀었다.

"전 사실 기본소득에는 별 관심이 없었습니다. 전 천문우주과학자가 꿈입니다. 하늘에 별을 볼 때가 제일 행복하거든요. 그래서 알래스카 오로라를 꼭 보고 싶었습니다. 그런데 저희 집은, 엄마는 고속도로 톨게이트 수납원인데 스마트톨링 시스템 때문에 언제 잘릴지 모르는 상황입니다. 아빠는 회사에 다니시는데, 야간에는 대리운전도 하십니다. 엄마 말로는 그렇게 열심히 일해도 아파트 할부금 갚고, 제 학원비 대기도 벅차다고 하십니다. 그런 저에게 알래스카 오로라 여행은 꿈만 같은 일이었습니다."

재명이는 자신의 꿈 이야기며, 집안 형편 이야기를 진솔하게 털어놓았다. 솔직하려고 하니까 거짓말처럼 한결 용기가 생겨났다.

"그런데 '세계 어린이 기본소득 대회' 한국 대표로 뽑히면 알래스카에 보내준다고 해서 무작정 나왔습니다. 다른 팀의 발표를 보니 '기본소득'이 아닌 '알래스카 오로라'에만 관심을 가진 제가 한없이 부끄러웠습니다."

　　재명이의 솔직한 이야기에 오히려 관객들은 빨려 들어갔다.

　　재명이는 친할머니의 태안 만수동 어촌계 기본소득, 외할아버지의 해남 농민 기본소득 이야기를 간단히 들려주었다. 이야기를 마친 재명이는 스스로가 대견하다는 생각이 들었다.

　　이제 지원이 차례였다. 지원이는 자신의 꿈인 PD가 되어 경북 봉화 농민 아저씨가 전국 방방곡곡 기본소득 캠페인을 벌인 일화를 영상으로 만든 이야기와 이번 발표회를 연출한 이야기를 또박또박 들려주었다. 재명이는 지원이의 이야기에 왠지 가슴이 벅차올랐다. 우리 힘으로 뭔가 해냈다는 생각이 들었다. 그리고 어쩐지 관객의 반응이 괜찮은 것 같았다. 재명이의 느낌은 맞았다. 어른들의 도움 없이 아이들 스스로

만들어 간 과정은 화려하지는 않지만 솔직 담백한 맛이 있어 관객의 마음을 움직였다.

철희가 다시 무대 앞으로 나왔다. 아까의 장난기는 사라지고 심각한 얼굴로 말했다.

"사실 전 지금 가출을 한 상태입니다. 그리고 오늘 학교도 무단결석을 했습니다."

그 말에 관객들은 깜짝 놀랐다. 아이들도 놀라서 철희를 쳐다보았다.

"저희 할아버지는 걱정하십니다. 기본소득을 받으면 사람들이 놀고먹고 일하지 않아서 나라가 망할 거라고요. 그런데 여러분, 기본소득 월 60만 원 받으시면 일 안 하고 노실 건가요?"

객석에서는 바로 대답이 튀어나왔다.

"아이고, 60만 원 받아서 어떻게 살아?"

"당연히 일해야지. 그리고 일 안 하고 사람이 어떻게 살아?"

철희는 그 말에 더욱 힘을 냈다.

"맞습니다. 저희 할아버지께도 제가 여쭤보았습니다. 월 60만 원 받으면 할아버지는 지금 하시는 일 그만두시겠냐고요. 할아버지도 그깟 돈 받고 왜 일을 그만두냐고 하셨습니다."

그러자 관객에서 하하하 웃음이 터져 나왔다.

"할아버지의 걱정은 또 있었습니다. 국민들 기본소득 나눠 주려면 돈이 엄청나게 필요한데, 그 돈이 다 어디서 날까 하는 걱정이었습니다. 솔직히 저희 할아버지는 세금이 올라갈까 봐, 그래서 할아버지 재산이 줄어들까 봐 걱정이십니다. 여러분, 저는 이런 저희 할아버지를 비난할 수는 없다고 생각합니다. 회사를 운영하는 저희 할아버지는 부지런히 일하고, 피땀 흘려 재산을 모았으니까요."

관객들은 다시 진지해졌다.

"그런 할아버지에게, 여기, 옆에 있는 제 친구 재명이가 질문을 했습니다. '그런데 왜 미국의 부자 일론 머스크나 빌 게이츠는 기본소득 실시를 위해 세금을 올리는 것을 지지할까요?' 하고 말이죠."

철희는 잠시 말을 끊었다가 다시 이었다.

"재명이 아버지가 이런 이야기를 재명이에게 들려주셨다고 합니다. '카드 게임을 친구와 계속하고 싶은데 친구가 돈이 없다면, 돈이 많은 내가 돈을 줘서 함께 게임을 하면 모두에게 이익이 된다', 저는 이 이야기가 맞다고 생각합니다."

관객들도 공감하는지 고개를 끄덕였다.

"저희 할아버지 회사가 물건을 만들어도 사람들이 돈이 없으면 물건을 팔 수 없고, 그래서 망하게 됩니다. 그러면 결국 모두의 손해입니다. 그런데 기본소득이 있으면 그 돈으로 물건을 살 테니, 할아버지 회사에도 이익이 될 것입니다."

재명이는 철희가 한없이 의젓해 보였다.

"물론 저희 할아버지는 아직도 이런 제 말에 동의하지 않으셨습니다. 하지만 전 앞으로 할아버지와 계속 대화를 할 것입니다. 그래서 꼭 할아버지도 기본소득 지지자로 만들겠습니다."

철희는 당당히 자신의 포부까지 밝혔다. 그러자 객석에서 철희를 응원하는 뜨거운 함성과 박수가 터져 나왔다.

잠시 후 지원이가 두 손을 들어 분위기를 수습했다.

"저희 마지막 발표가 남았습니다. 저희는 사실 초등학생이다 보니 특별히 멋진 영상도 만들 수 없었고, 대범한 캠페인도 벌일 수 없었습니다. 다만 저희의 진솔함을 여러분에게 보여 드릴 수 있을 뿐입니다."

그러고는 깜짝 이벤트를 공개했다.

"이런 저희의 마음을 예쁘게 봐 주신 기본소득의 주인공들이 지금 이 자리에 함께하셨습니다. 뜨거운 박수로 환영해주세요."

그 말과 동시에 일제히 조명이 꺼졌다. 이어서 두구두구 두구두구 드럼 소리가 잔잔히 깔리는 가운데, 무대 정면 모니터에 태안 만수동 어촌마을이 펼쳐지고 재명이 할머니와 어촌 계장님이 웃고 있는 사진이 등장했다. 그리고 조명이 객석 한 곳을 비췄다. 그곳에는 할머니와 어촌 계장님이 환하게 웃으며 손을 흔들고 계셨다.

모니터 화면이 바뀌며 이번에는 땅끝마을 해남의 들녘 풍경이 펼쳐졌다. 그리고 재명이 외할아버지와 외숙모가 함께 일하는 장면이 보였다. 무대 조명이 다른 곳으로 옮겨 갔다. 외할아버지와 외숙모가 일어서서 관객들에게 인사를 했다.

뒤이어 경북 봉화 김태수 아저씨가 전국을 돌며 기본소득 캠페인을 벌이는 슬라이드가 몇 컷 상영되었다. 그러고는 무대 중앙으로 김태수 아저씨가 손을 흔들며 등장했다. 모두들 뜨거운 박수로 맞았다.

다시 지원이가 마이크를 잡았다.

"이분들이 바로 기본소득의 살아 있는 '인간 책'입니다. 저희들이 못 전달한 이야기는 이분들을 통해 직접 생생하게 들어보시면 어떨까요? '기본소득 휴먼 북_{인간 책}' 코너를 시작합니다."

지원이의 멘트에 맞춰 휴먼 북들 모두가 무대에 올랐다. 그러고는 손을 맞잡고 객석을 향해 90도로 고개 숙여 인사했다. 아이들 눈에는 마침내 해냈다는 감격에 눈물이 방울방울 맺혔다. 꽉 잡은 손을 통해 서로에 대한 뜨거운 믿음이 전해졌다.

주사위는 이미 던져졌다

잠시 후 관객들의 즉석 투표가 행해졌다. 아이들은 대기실에서 결과를 초조하게 기다렸다. 결과는 관객 투표 점수와 전문가 심사 점수를 보태서 결정된다.

아이들은 장려상이라도 받았으면 싶었다. 준비한 것을 무사히 마친 것만으로도 다행이다 싶었지만, 장려상이라도 타고 싶은 마음까지 버릴 수는 없었다. 재명이야 물론 알래스카 오로라를 보려면 대상을 받아야 했지만, 워낙 다른 팀들이 쟁쟁해서 대상 욕심은 버렸다.

세 아이 모두 초조해하고 있는데, 사회자의 멘트가 나왔다.

"시상식이 곧 있을 예정이오니 모두 입장해주시기 바랍니다."

두근거리는 가슴이 세차게 방망이질 쳤다. 아이들은 제발 자신들의 이름이 불리기를 바랐다.

그러나 장려상 세 팀 명단에 재명이네 팀 이름은 들어가지 않았다. 아이들은 허탈했다. 그래도 장려상은 탈 수 있을 줄 알았는데,

못 타니까 실망스러웠다. 성급한 철희가 말했다.

"야, 괜히 여기 있어 봤자 마음만 아프니까 그만 나가자. 근처에 먹거리 장터도 있던데, 내가 한턱 쏠게. 일어나."

아이들은 자리에서 일어나 무거운 발걸음을 떼었다. 대회장을 빠져나오면서도 혹시 우수상 수상자로 이름이 불리지 않을까 실낱같은 기대를 가지고 자꾸만 뒤를 돌아보았다. 그러나 사회자가 호명한 우수상 수상자는 '좀비'였다. 아이들은 더는 뒤를 돌아보지 않았다.

아이들은 다 내려놓고 쓸쓸히 먹거리 장터로 갔다. 떡볶이를 시켜놓고 묵묵히 먹기만 했다. 철희가 축 처진 분위기를 띄우려고 농담을 했지만 재명이와 지원이는 꾸역꾸역 떡볶이만 입에 넣었다. 철희의 농담도 분위기를 바꾸지는 못했다. 그러자 철희의 얼굴에서도 웃음기가 사라졌다. 철희는 부모님에게 혼날 일이 걱정되었다. 막상 호기롭게 가출도 하고, 결석도 해서 이 자리에 참석했지만 장려상도 받지 못한 아쉬움이 걱정을 불러온 것이다.

그때 다급한 목소리의 안내방송이 들려왔다. 사람들의 시끄러운 소리에 뒤섞여 안내방송은 잘 들리지 않았다.

"……초등학교 ……. 재명…… 지금 즉시…… 다시 한 번…… 지원…… 대회장으로……."

지원이가 갑자기 눈이 동그래져서 말했다.

"얘들아, 우리를 찾는 안내방송 같은데……."

"뭐? 우리를 왜? 어른들한테 허락 맡았잖아. 우리가 무슨 유치원생도 아니고, 쪽팔리게 미아 방송을 하는 거야?"

철희는 투덜거리는데 또 안내방송이 나왔다.

"……재명, 지원 어린이는 지금 즉시 대회장으로 와 주시기 바랍니다. 다시 한 번……."

재명이는 번쩍 정신이 들었다.

"미아 방송이 아니야! 대회장에서 우리를 찾고 있어. 무슨 일이지? 우리 잘못한 것 없잖아?"

지원이가 벌떡 일어서며 말했다.

"아무튼 빨리 가 보자. 이유가 있을 거야."

지원이가 앞장서고 철희와 재명이가 뒤따랐다.

대회장에서는 진행요원들이 아이들을 찾느라 한바탕 소동을 벌이고 있었다. 휴먼 북 어른들도 아이들 핸드폰으로 연락을 했는데 아무도 통화가 되지 않아 발을 동동 구르고 있었다. 바로 그 순간 아이들이 대회장에 도착했다. 아이들이 모습을 나타내자 카메라 플래시가 팡팡 터졌다. 동시에 기자들이 몰려들었다.

"대상을 수상한 소감을 부탁드려도 될까요?"
"알래스카 세계 어린이 기본소득 대회에 가면 뭘 하고 싶습니까?"
"철희 군 가출을 했다는데 언제 집에 돌아갈 예정입니까?"
쏟아지는 질문에 아이들은 어안이 벙벙했다. 도대체 무슨 상황인지 짐작을 할 수 없었다. 그때 무대 중앙 모니터에 뚜렷이 새겨진 이름들이 보였다.

세계 어린이 기본소득 대회 한국 대표 안지원, 이재명

전문가 심사에서는 3등을 했는데, 관객 투표에서 압도적으로 1등을 해서 최종 결과 대상을 수상한 것이다.
아이들은 그 결과가 믿어지지 않았다. 꿈을 꾸는 것 같았다. 그런데 철희만 얼굴 표정이 어두웠다. 그 표정을 놓치지 않은 재명이가 서둘러 마이크를 잡았다.
"저는 대상을 받을 수 없습니다."
폭탄선언에 대회 관계자를 비롯한 모두가 깜짝 놀랐다. 재명이는 지원이를 바라보았다. 그리고 철희를 바라보았다. 지원이도 고개를 푹 숙이고 있는 철희에게 눈길을 주었다.
재명이의 마음을 알아챈 지원이가 재명이를 거들었다.
"맞아요. 저희 둘만 대상을 받을 수는 없어요."
재명이가 희미한 미소를 지으며 지원이를 보았다. 지원이는 재명이에게 '엄지 척'을 하며 지지를 해 주었다.

"사실 저희 둘만의 힘으로는 도저히 발표를 할 수 없었을 겁니다. 저와 지원이는 갑작스러운 상황에 어찌해야 할지 몰라 포기하려고 했습니다."

지원이가 바통을 이어받아 말했다.

"그때 철희가 뛰어 들어와서 시작할 수 있었습니다. 그리고 철희는 준비 과정에서도 우리를 도와주었습니다. 무엇보다도 가족들의 반대에도 불구하고 저희 팀을 위해 이렇게 함께해 주었습니다. 철희가 빠진 대상을 저희는 받을 수 없습니다."

그러자 상황을 파악한 대회 관계자들은 곧바로 즉석 회의에 들어갔다. 회의 결과는 금방 나왔다. 발표 신청자는 두 사람이었지만, 공식 준비와 발표를 셋이서 같이 한 점을 인정해서 철희도 대상 수상자로 결정했다.

무대 모니터에 떠오른 대상 수상자 명단에 이름 하나가 더해졌다.

> **세계 어린이 기본소득 대회 한국 대표 안지원, 이재명, 박철희**

객석에서 뜨거운 박수가 쏟아졌다. 친구들의 우정에 감동한 철희는 엉엉 소리 내어 울었다. 재명이도, 지원이도 모두 어깨를 들썩이며 울었다. 아이들의 그 순수한 우정을 지켜보는 어른들은 마음이 먹먹했다. 울던 철희가 갑자기 생각난 듯 대회 관계자에게 말했다.

"아, 저도 상장하고 트로피 주시나요? 아마 그거 가져가면 할아버지가 저 용서해 주실지도 몰라요!"

철희의 너스레에 모두들 하하하 크게 웃었다. 재명이는 남몰래 생각했다.

'역시 철희는 철희다.'

신기루처럼 사라졌던 알래스카 오로라가 다시 눈앞에 펼쳐진 기분이었다. 벅찬 마음을 이루 표현할 수 없었다. 게다가 지원이와 철희와 함께라니, 정말 하늘을 날아갈 듯 기분이 좋았다.

대상
세계 어린이 기본소득 대회 한국대표
안지원, 이재명, 박철희

재명이는 웃음을 머금은 채 생각했다.
'기본소득이 알래스카 오로라처럼 모든 사람들에게
기쁨이 되는 그날이 오면 좋겠다.'

부록

코로나19와 재난 기본소득

2020년 대한민국은 봄을 빼앗겼습니다. 코로나19로 인한 전염병의 확산으로 2월 졸업식, 3월 입학식이 취소되었습니다. 개학도 연기되었는데, 4월이 되어서야 간신히 '온라인 개학'을 하게 되었습니다.

《블룸버그》가 86개국 증시의 시총을 집계한 결과에 따르면 2020년 2월 19일 87조 8,708억 달러였던 것이 3월 19일 62조 2,572억 달러로, 25조 6,136억 달러 29.2% 감소했습니다.

감소한 25조 6,136억 달러를 한국 돈으로 환산하면 약 3경 1,900조 원입니다. 이를 전 세계 인구 약 77억 명 2019년 기준에게 나눠 준다고 가정한다면 모두에게 약 415만 원씩 돌아갑니다.

한국 역시 주식 시장에서 한 달 동안 약 666조 원이 증발했습니다. 이 돈을 한국 전체인구 5,125만 명 2019년 기준에게 나눠 준다고 가정하면 일인당 약 1,300만 원씩 돌아갑니다.

이처럼 코로나19가 안긴 피해는 어마어마했습니다. 모든 스포츠 행사, 봄꽃 축제, 콘서트는 중지되었습니다. 항공편이 끊겨서 국가 간 교류도 끊겼습니다. 일부 국가에서는 외출 금지령이 내려져 온 국민이 큰 고통을 받았습니다.

　이러한 어려운 상황을 극복하고자 미국은 연 소득 7만 5000달러_{약 9,000만 원} 이하 성인에게 최대 1,200달러_{약 147만 원}를 지급하고, 자녀 한 명당 500달러_{약 60만 원}를 추가로 지급하는 재난지원금을 실시했습니다.

　한국에서도 경기도 이재명 지사는 경기도민 약 1,326만 명 모두에게 일인당 10만 원씩 '재난 기본소득'을 지급했습니다.

　이 과정에서 막대한 재정부담을 이유로 어려운 사람들에게만 선별적으로 지급해야 한다는 주장과 보편성, 무조건성을 중요한 원칙으로 하는 기본소득 정신에 따라 모두에게 다 주어야 한다는 주장이 팽팽히 맞섰습니다.

　두 가지 주장의 팽팽한 대치 가운데 나라살림연구소에서는 국민 모두에게 우선 '재난 기본소득'을 지급하고, 나중에 연말정산 기본공제_{본인과 부양가족 일인당 150만 원의 소득을 공제해 주는 것}를 없애는 방식으로 재원을 마련할 수 있다는 해결책을 내놓았습니다.

　이 방안은 '재난 기본소득'을 국민 모두가 고르게, 신속하게 받을 수 있다는 장점이 있습니다. 또한 그동안 부자들에게 혜택이 더 컸던 연말정산 기본공제를 폐지함으로써 국가가 따로 빚을 지지 않아도 되고, 나아가 소득 불평등도 완화시킬 수 있는 효과도 볼 수 있습니다. 그래서 많은 사람들의 호응을 받았습니다.

　코로나19로 인해 국민이 많은 고통을 받았지만, 국가 전체적으로는 '기본소득'에 대한 진지한 토론을 할 수 있는 기회가 되었습니다.

또한 그동안 아파도 무조건 출근해야 한다는 생각에서 아프면 쉴 수 있는 환경을 만들어야 한다는 것으로 생각이 바뀌는 계기가 되었습니다.

또한 나라에서 세금으로 운영하는 공공의료가 부실한 국가에서 많은 사망자가 나오는 것을 목격하면서 공공의료가 얼마나 중요한지를 깨닫는 계기도 되었습니다.

결국 정부는 재난 기본소득이 아닌 '재난 지원금'이라는 이름으로 4인 가족 기준 100만 원을 세대 단위로 지급했습니다. 개별성, 정기성, 현금성 원칙은 지켜지지 않았지만 보편성과 무조건성 원칙이 지켜졌다는 점에서 의미가 있었습니다. 재난 지원금 지급으로 전통시장과 골목상권이 활기를 띠었고, 다수 국민들이 국가 존재 이유를 제대로 느끼게 되었다고 환영의 입장을 나타내었습니다. 이러한 효과에 힘입어 본격적인 '기본소득' 도입 논의가 정치권에서 활발하게 시작되었습니다. 한때 꿈같은 이야기였던 '기본소득'이 이제 현실 가능한 정책이 된 것입니다.

재정개혁형 재난기본소득 개념

소득구간별 기본공제 전체 삭감

⬇

1인 최고 63만 원까지 세제혜택 폐지

⬇

고소득자 세제혜택 감소

⬇

삭감액을 재난 기본소득 재원으로 전환

⬇

재난 기본소득에도 소득구간별 과세

⬇

과세 후 재난 기본소득 각각 지급

⬇

저소득자 소득 증가

⬇

재원 부담 없이 재난 기본소득 지급 완료

기본소득의 5대 원칙은 기본!

① **보편성** 그 사회 구성원 모두에게 지급합니다.
② **무조건성** 자격심사를 하지 않습니다.
③ **개별성** 각 개인에게 따로 나눠 줍니다.(그래서 어린이들도 각자 따로 받습니다.)
④ **정기성** 한꺼번에 지급하지 않고, 매월 또는 매년 정기적으로 나눠서 지급합니다.
⑤ **현금성** 물품물건이 아닌 현금또는 현금처럼 쓸 수 있는 상품권으로 지급합니다.

여섯 항목 중 1, 2, 3은 기본소득의 핵심적 특징입니다. 5대 원칙 외에 장기적으로는 최소한 인간다운 삶을 사는 데 필요한 최저생계비 이상을 지급해야 한다는 충분성 원칙을 주장하는 학자들도 있습니다.

기본소득은 알래스카주가 일등!

2019년 기준 전 세계에서 유일하게 기본소득이 실시되고 있는 곳은 미국의 알래스카주입니다. 알래스카에서는 지역에서 나는 석유 판매 수익금의 25%를 기금으로 적립합니다. 그 후 이 기금을 투자해서 얻은 수익을 주민 전체에게 똑같이 기본소득으로 나눠 주고 있습니다. 알래스카의 석유가 주민 모두의 것이라는 생각에서 비롯되었습니다.

기본소득 지급을 시작한 때는 1982년부터입니다. 매년 한 차례 적게는 1,000달러(한화 약 120만 원)에서 많게는 2,000달러(한화 약 240만 원)를 알래스카에서 1년 이상 거주한 주민 모두에게 지급합니다. 물론 아기, 어린이들도 예외 없이 개별적으로 받습니다.

알래스카의 상점들은 기본소득이 지급되는 10월 둘째 주만 되면 활기를 띱니다. 대목을 노린 세일 판촉 행사가 진행되거든요. 이 판촉 행사는 지역 경제 활성화에 큰 도움이 되고 있습니다. 한편 대학생들은 이 기본소득을 학자금으로 사용하기도 합니다. 덕분에 빚을 지지 않고 대학을 다닐 수 있습니다.

기본소득 덕분에 알래스카주는 미국 전체 50개 주 중에서 소득 불평등이 가장 적은 곳이 되었습니다. 알래스카 주민들은 기본소득 지급을 절대적으로 지지하고 있습니다.

기본소득을 실시하려면 돈이 얼마나 필요할까?

2020년 기준 우리나라 총 인구수는 약 5,125만 명입니다. 그리고 정부 예산은 약 512조 원입니다.

❶ 강남훈 교수(기본소득 한국 네트워크 이사장)와 시대전환당은 우선 국민 모두에게 월 30만 원을 지급할 것을 주장합니다.
이 주장대로라면 5,125만 명×월 30만 원×12개월=184.5조 원이 필요합니다. 정부 예산의 36%에 해당하는 금액입니다.

❷ 기본소득당은 월 60만 원 지급을 주장합니다.
이 주장을 바탕으로 계산을 해 보면 5,125만 명×월 60만 원×12개월=369조가 필요합니다. 정부 예산의 약 72%에 해당하는 금액입니다.

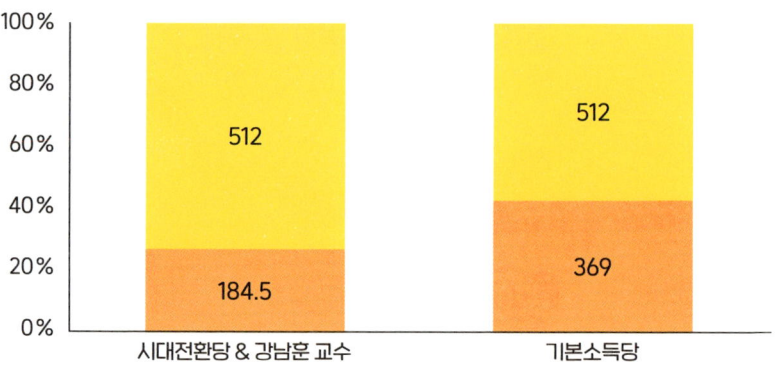

기본소득에 드는 돈은 어떻게 마련할까?

세금 제도를 개편하자

현재 소득이 있는데도 여러 이유로 세금을 내지 않거나, 깎아 주는 비과세와 감면 제도가 있습니다. 예를 들면 가족 1인당 얼마씩 세금을 깎아 주거나, 신용카드를 쓴 만큼 세금을 깎아 주고 있는데 이를 폐지하자는 것입니다.

그러면 국민 부담이 늘어난다고요? 그런데 이렇게 마련된 돈으로 국민 모두에게 월 30만 원씩 기본소득을 나눠 준다면 대부분의 국민은 세금 부담보다 기본소득으로 받는 돈이 더 크다고 합니다.

기존 비과세, 감면 제도가 부자들에게 유리하게 설계되어 있기 때문에 오히려 국민 전체를 보면 세금은 조금 더 내고, 기본소득으로 더 많이 돌려받을 수 있다는 주장입니다.

새로운 세금을 걷자

국토보유세, 구글세, 로봇세, 생태환경세(탄소세) 등 땅 부자들과 4차 산업혁명 시대 새로운 부자들에게 세금을 걷자는 주장입니다. 국토는 국민 모두의 것이므로 거기서 얻은 수익의 일부분을 세금으로 거둬서 국민들 모두에게 기본소득으로 나눠야 한다는 주장입니다.

또한 로봇과 AI가 사람 대신 일하는 세상으로 바뀌어 사람들이 일을 하지 않아도 경제는 성장하기 때문에 로봇과 AI에게 세금을 거둬서 국민들에게 기본소득으로 지급해야 한다는 주장입니다.

생태환경세는 지구 환경 위기 시대에 탄소 감축이 필요하다는 동의 아래 제안된 세금입니다. 부과 대상은 탄소를 많이 배출하는 사람이나 기업입니다. 이 세금을 걷은 후 그 세금을 기본소득으로 나눠주면 탄소 배출을 줄일 수도 있고, 다수 국민은 기본소득을 누릴 수 있는 일석이조의 정책이라고 주장합니다.

세금을 올리자

현재 우리나라 세금 수준을 OECD 평균으로 올리면, 지금 당장 전 국민에게 월 30만 원의 기본소득 지급이 가능합니다. 또 우리 국민이 덴마크 수준으로 세금을 내면 월 60만 원 기본소득을 받을 수 있습니다.

세금을 올렸을 경우 부자들은 부담이 늘어납니다. 반면 대다수

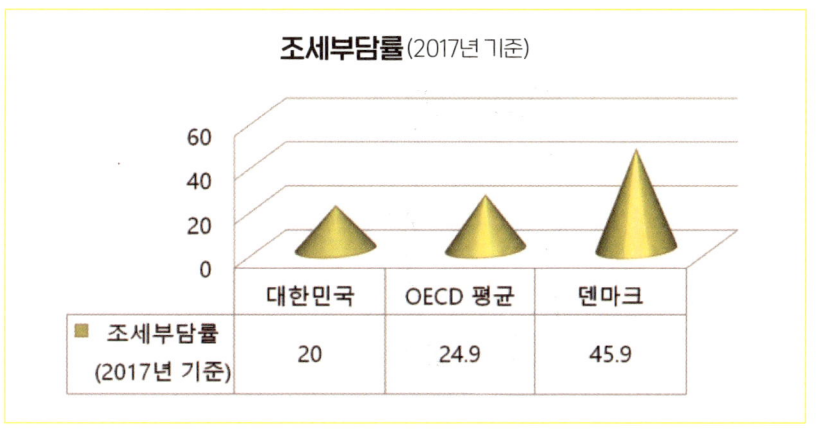

국민들은 자신이 낸 세금보다 기본소득으로 돌려받는 돈이 더 많아집니다. 결국 부자와 가난한 사람들 사이의 소득불평등을 낮추는 데도 기본소득이 도움이 된다는 주장입니다.

낭비를 줄이자

정부 예산 중에서 낭비성 항목을 없애자는 것입니다. 필요 없는 공사에 쓰는 돈이나, '보여 주기식 행정'에 드는 비용을 절약해서 기본소득 재원으로 쓰자는 주장입니다.

아울러 기본소득은 전 국민에게 무조건 나눠 주기 때문에 지금까지의 복지 제도처럼 대상자를 선별하기 위해 많은 공무원들이 자격 심사에 매달릴 필요가 없습니다. 그러니 자연스럽게 선별 비용을 절약할 수도 있습니다. 또한 별도의 전달 비용도 대폭 줄일 수 있습니다.

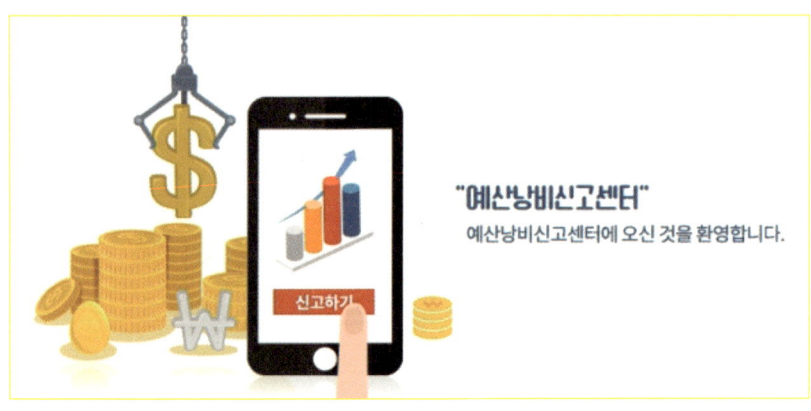

또 기존의 아동수당, 청년 기본소득, 노령 연금 등 기본소득과 겹치는 항목을 폐지하면 기본소득 예산을 마련할 수 있습니다.

화폐를 발행하자

정부가 화폐를 발행해서 기본소득으로 지급하면 세금을 따로 걷지 않아도 가능하다는 주장이 있습니다. 특히 이 화폐 발행에 블록체인 기술을 도입하자는 의견 등 다양한 아이디어가 있습니다.

결국 기본소득론자들은 돈이 없어서 못하는 것이 아니라 하려는 의지가 부족한 것뿐이라고 주장합니다.

모두의 것은 모두에게, 각자의 것은 각자에게

'모두의 것'은 한 개인에게 속하지 않는 것, 누구의 것인지 명확히 나눌 수 없는 것, 원래부터 모두의 것이었던 것을 말합니다. 어려운 말로는 '공유부' 또는 '공동부'라고 합니다.

첫째, 사람의 노력과 관계없이 처음부터 주어진 것입니다. 예를 들면 토지땅, 천연자원석유 등, 자연환경공기, 물 등이 있습니다.

둘째, 사람이 만들었다고 해도 한 개인의 노력이 아닌 여러 사람의 오랜 노력으로 함께 만든 것입니다. 예를 들면 책지식, 학술지, 인공지능, 데이터 등입니다.

셋째, 누구의 것인지 구별할 수 없는 제도, 법입니다. 예를 들면 화폐발행권, 인터넷 등이 여기에 속합니다.

이런 '모두의 것'에서 얻어지는 수익을 한 개인이 다 차지할 것이 아니라 그 사회 구성원 모두에게 공평하게 나눠 주어야 한다는 것이 기본소득의 정신입니다.

그렇다고 각자가 노력해서 얻은 성과를 무시하자는 것은 아닙니다. 개인의 노력과 그에 따른 소유를 인정합니다. 결국 각자의 것은 각자가 갖지만, 모두의 것은 모두에게 나눠 줘야 한다는 주장입니다.

4차 산업혁명과 기본소득

1차 산업혁명은 18세기에 증기기관 발명으로 시작되었습니다. 그전까지는 집에서 각자가 손으로 뭔가를 만들었는데, 산업혁명으로 공장에서 기계로 물건을 생산하게 되었습니다.

2차 산업혁명은 19세기에 전기 에너지를 이용해서 대량생산이 가능하게 된 변화를 말합니다.

3차 산업혁명은 20세기 후반에 컴퓨터와 인터넷의 활용으로 일어난 지식정보 혁명을 가리킵니다.

4차 산업혁명은 21세기인 지금 현재진행형입니다. 모든 사물이 인터넷으로 연결되고, 인공지능과 빅데이터 등을 활용한 새로운 산업이 등장하는 현상을 말합니다.

그동안 산업혁명은 기존 일자리를 없애기도 했지만, 대신 새로운 일자리를 많이 만들기도 했습니다. 그런데 4차 산업혁명의 경우 강인공지능AI과 로봇이 인간의 일자리를 빠르게 대체하고 있습니다. 예를 들어 '아마존고'라는 슈퍼마켓에는 직원이 없고, 손님이 가서 원하는 물건을 사서 나오면 자동으로 계산이 완료되는 시스템을 운영하고 있습니다. 또한 이미 AI는 신문 기사를 쓰고, 작곡을 하고, 암을 진단하는 등 전 분야에 걸쳐 활약하고 있습니다. 요즘 주목받고 있는 자율주행차도 곧 현실화될 것으로 보입니다. 그러면 화물 트럭 운전을 시작으로 여러 운전 관련 직업들이 사라질 것입니다.

이러한 4차 산업혁명 시대에 모두가 큰 물음을 던지고 있습니다.

'인간은 무엇을 하며, 어떻게 살아야 하는가?'

이 물음에 대한 답으로 기본소득이 언급되고 있습니다. 기본소득론자들은 '기본소득 지급을 통한 인간 해방'이 답이라고 주장합니다. 즉 생산은 로봇과 AI에게 맡기고, 인류는 자신들이 자유롭게 하고 싶은 일을 하며 살 수 있는 이상을 실현할 수 있는 좋은 기회라는 생각입니다. 이러한 세상을 실현하기 위한 밑바탕으로 기본소득이 필요하다는 것입니다.

기본소득 실현을 위해 애쓰는 사람들

기본소득 한국 네트워크 BIKN – Basic Income Korea Network

누리집 https://basicincomekorea.org

2009년 기본소득을 한국사회에서 실현하기 위한 목적으로 창립했습니다. 기본소득의 사상, 이론, 정책을 연구하고 널리 알리는 활동을 합니다. 그 활동으로 계간 《기본소득》이라는 전자잡지를 발행

하고 있으며, 각종 학술행사를 개최하거나 포럼에 참가합니다. 기본소득 관련 강연 및 교육행사도 주관합니다. 기본소득 한국 네트워크는 2019년 기준 550여 명의 회원이 있습니다. 대전/인천/부산/전북/전남/대구/충북 지역 네트워크와 함께 활동하고 있습니다.

기본소득당

누리집 https://www.basicincomeparty.kr

독일에 이어 세계 두 번째로 만들어진, 기본소득 실현을 위한 정당입니다. 2019년 9월 창당 발기인 대회가 열렸으며, 2020년 총선에 참여하여 용혜인 국회의원을 당선시켰습니다. 21대 국회에서 기본소득 논의 확산을 위해 애쓰고 기본소득을 한국에서 실현하기 위한 정치활동을 전개하고 있습니다.

기본소득당의 대표 공약
❶ 모두에게 월 60만 원의 조건 없는 기본소득
❷ 빅데이터 시대, 디지털 공유부 배당으로 데이터 주권
❸ 1인 가구 600만 시대, 개인이 중심이 되는 새로운 사회
❹ 기후위기의 시대, 탄소 배당으로 모두에게 평등한 생태적 전환
❺ 자동화의 시대, 기본소득과 함께 주 30시간 노동

이 외에도 2012년 창당한 생태주의 정당인 '녹색당'과 청년 주도

> **제21대 국회에서 기본소득 입법을 약속합니다**
> 기본소득당, 녹색당, 시대전환, 기본소득한국네트워크

국민정당인 '우리미래당'2017년 창당, 시대전환2020년 창당도 기본소득 실현을 대표 공약으로 내세우고 있습니다.

농민기본소득추진전국운동본부

농민들은 우리 국민의 건강한 먹거리를 책임지면서도 제대로 대접받지 못하고 있습니다. 그렇다 보니 젊은이들이 농촌을 떠나는 일이 많아져 우리나라 농업은 소멸 위기에 처했습니다. 이러한 상황에서 우리 농업농촌을 살리고 가장 낮은 수준의 국민 존엄을 지키고자 농민기본소득추진전국운동본부가 2020년 창립되었습니다.

이들은 우선 농민 기본소득 실시로 농업을 살리고자 합니다. 나아가 이를 확대하여 농촌 기본소득 실시를 통해 사람들이 돌아오는 활력 넘치는 농촌을 꿈꾸고 있습니다. 더 나아가서는 온 국민 기본소득이 실현될 수 있도록 디딤돌을 놓겠다는 각오로 활동하고 있습니다.

> 농민에게 농민기본소득
> 국민에게 국민기본소득

이재명 경기도 지사

　이재명 경기도 지사는 2016년 성남시장 시절, 청년 기본소득을 전국 최초로 실시했습니다. 2019년 경기도 지사로 일할 때는 경기도 전역으로 청년 기본소득을 확대했습니다. 한편 2019년 4월에는 전 세계 최초로 '기본소득 박람회'를 수원에서 개최하기도 했습니다.

　2020년 코로나19 전염병으로 전 국민이 고통받고 있을 때 이재명 경기도 지사는 전 국민에게 '재난 기본소득' 100만 원을 지급하자고 주장했습니다. 그리고 다른 시도가 가난한 사람들에게만 선별적으로 지원한 반면, 경기도는 도민 1,326만 5,377명 모두에게 일인당 10만 원씩 '재난 기본소득'을 지급했습니다.